新时代中等职业学校新课标公共课配套辅导
新时代中职教育新形态一体化教材

# 世界历史学习指导与能力训练

马 丽 编

北京大学出版社
PEKING UNIVERSITY PRESS

**图书在版编目(CIP)数据**

世界历史学习指导与能力训练 / 马丽编. -- 北京 : 北京大学出版社, 2025. 2. -- ISBN 978-7-301-36016-3

Ⅰ. G634.523

中国国家版本馆 CIP 数据核字第 2025G1D283 号

| | |
|---|---|
| **书　　名** | 世界历史学习指导与能力训练<br>SHIJIE LISHI XUEXI ZHIDAO YU NENGLI XUNLIAN |
| **著作责任者** | 马　丽　编 |
| **策划编辑** | 李　虎 |
| **责任编辑** | 杜　鹃 |
| **标准书号** | ISBN 978-7-301-36016-3 |
| **出版发行** | 北京大学出版社 |
| **地　　址** | 北京市海淀区成府路 205 号　100871 |
| **网　　址** | http://www.pup.cn　　新浪微博:@北京大学出版社 |
| **电子邮箱** | 编辑部 pup6@pup.cn　　总编室 zpup@pup.cn |
| **电　　话** | 邮购部 010-62752015　发行部 010-62750672　编辑部 010-62750667 |
| **印 刷 者** | 三河市北燕印装有限公司 |
| **经 销 者** | 新华书店 |
| | 889 毫米×1194 毫米　16 开本　10 印张　255 千字<br>2025 年 2 月第 1 版　　2025 年 2 月第 1 次印刷 |
| **定　　价** | 35.00 元 |


---

# 前言

PREFACE

根据《中等职业学校历史课程标准(2020年版)》,中等职业学校历史课程的教学目标包括:了解唯物史观的基本观点和方法,初步形成正确的历史观;知道划分历史时间与空间的多种方式;能够依据史实与史料对史事表达自己的看法;树立正确的国家观,增强对祖国的认同感;等等。

为适应当前中等职业(简称中职)学校教育教学改革的需要,并帮助学生更好地学习历史课程,我们在综合考虑中职学生的年龄特点、兴趣爱好和实际学习水平的基础上,依据中职学校教科书《历史　基础模块　世界历史》编写了本书,作为与该教材同步的学习指导与能力训练资料。

具体而言,本书具有以下特色。

### 1.立德树人,润物无声

党的二十大报告指出:“育人的根本在于立德。”本书以培养学生正确的世界观、人生观和价值观为准则,在内容设计时,重视引导学生用历史唯物主义的观点与方法观察问题、分析问题和解决问题,从而让学生正确认识世界,全面了解国情,把握时代大势。

### 2.模块丰富,理实结合

本书精心设计了“单元史实概要”“单元目标聚焦”“知识梳理”“史实意义”“巩固练习”等模块。各模块的具体内容如下。

单元史实概要:概括了各单元的学习内容,旨在帮助学生快速学习和理解知识要点,并提高学生的学习能力。

单元目标聚焦:列出了各单元的“课标要求”“学习重点”和“学习难点”,有助于学生明确学习目标与方向,激发其自主学习的动力。

知识梳理:梳理了在特定时间和空间内发生的重大历史事件,帮助学生清楚地了解知识脉络,提高学习效率。

史实意义:介绍了各重大历史事件对政治、经济、思想文化与科技等方面的影响,帮助学生深入理解历史事件，树立大历史观。

巩固练习：紧扣教材知识点，设置了填空题、选择题、简答题和材料题四种题型，习题的题量与难易程度适中，通过不同题型的练习，帮助学生检查学习效果，巩固所学知识。

3.由浅入深，循序渐进

本书根据学生的认知水平设置题目，确保各单元内容均按照由直观到抽象、由易到难、由简到繁的逻辑顺序编排。这既有利于学生循序渐进地巩固所学内容，又有利于学生在掌握各单元知识的基础上，锻炼历史思维能力，学会独立思考。

本书由马丽（周口交通技师学院）负责全书的统稿、编写。

编者在编写本书的过程中，参考了大量的资料，在此向这些资料的作者表示衷心的感谢！因编者水平有限，若书中存在疏漏与不当之处，敬请广大读者批评指正，以便在今后的修订中进一步完善。

编　者

2025年1月

# 目录

CONTENTS

# 第一单元

# 古代文明的产生与发展

## 单元史实概要

经过漫长的原始社会，古代西亚、埃及、中国、印度和希腊等地逐渐出现人类文明。5 000多年前，北非的尼罗河流域、西亚的两河流域、南亚的印度河和恒河流域、中国的黄河和长江流域都诞生了多姿多彩的古代文明。古代西亚、埃及、中国和印度文明都创造了自己的文字，在农业、手工业和文学、艺术、天文、医学、哲学思想等领域，留下了丰富的遗产。在希腊和爱琴海地区，公元前8世纪至前6世纪形成了众多城邦，雅典和斯巴达是其中的代表。古罗马通过一系列战争征服了意大利和地中海地区，建立了帝国。在文学、艺术、哲学、科学和法学等领域，古希腊文明和古罗马文明留下了许多经典作品。

本单元旨在拓宽学生的历史视野，提高学生的思维水平和探究能力，培养学生对人类文明悠久历史与发展多元化认识的情怀，引导学生树立尊重世界文明多样性、共同促进人类文明繁荣进步的价值观念。

## 单元目标聚焦

### ◆课标要求

（1）知道早期人类文明的产生。

（2）了解各文明古国的主要成就，认识其对人类文明的贡献。

### ◆重点与难点

**学习重点：**了解各文明古国的主要成就。

**学习难点：**认识各文明古国对人类文明的贡献。

# 第1课 古代亚非

## 知识梳理

**古代亚非**

公元前4千纪后期，古埃及成为君主专制国家。

公元前4千纪末，古代埃及人发明了象形文字。

公元前4千纪后期至前3千纪初，苏美尔人在两河流域南部建立了一系列城市国家。

约公元前2334年，一个叫萨尔贡的人登上基什的王位，史称萨尔贡一世。他创建常备军，设置官吏，统一度量衡，初步建立君主专制制度。

从公元前2千纪末开始，古代埃及多次被外族征服，逐渐衰落。

公元前2千纪后期至前1千纪，雅利安人征服南亚次大陆北部，在印度河和恒河流域建立了一系列国家。

公元前18世纪前期，古巴比伦王国国王汉谟拉比统一了两河流域。

公元前16世纪至前13世纪是古埃及最为强盛的时期。

公元前6世纪，佛教兴起，传播到亚洲许多国家和地区，成为世界性宗教。

公元前6世纪中后期，波斯建立起地跨亚非欧三洲的大帝国。

公元前3世纪前期，孔雀帝国征服了南亚大部分地区，建立了该地区历史上第一个帝国。

公元前221年，秦统一中国。

## 史实意义

在政治上，阿卡德王国作为古代两河流域历史上第一个地区性大国，初步建立了君主专制制度；古巴比伦王国国王汉谟拉比统一了两河流域，完善了官僚体系；古埃及形成于北非的尼罗河流域，实行君主专制制度，中央集权制度日益完善，国王具有至高无上的地位；古印度形成于南亚的印度河和恒河流域，实行贵贱分明的种姓制度。在经济上，亚非文明古国发源于大河文明，优越的地理环境造就了亚非地区发达的农业文明，社会经济以农耕为主。在思想文化与科技上，古代两河流域的居民发明了楔形文字，创作了目前世界上已知的最古老史诗《吉尔伽美什》；古代两河流域在天文、数学和建筑艺术上都有重要成就；古代两河流域的国家注重制定成文法，最著名的是《汉谟拉比法典》，这是世界上第一部比较完整地流传至今的成文法典，比较全面地反映了古巴比伦王国的社会状况；古埃及人发明了象形文字，创作了神话、寓言、传记、抒情诗等多种体裁的文学作品，还制定了世界上最早的太阳历，建造的金字塔堪称古代建筑史上的奇迹；古代印度人创作了最著名的史诗《摩诃婆罗多》和《罗摩衍那》，发明了从0到9的10个数字符号，佛塔、石窟和石柱等是古代建筑艺术领域的主要代表。

## 巩固练习

### 一、填空题

1.在生产发展和阶级分化的基础上,____________________、____________________、____________________、____________________,先后进入文明时代。

2.公元前 18 世纪前期,____________________统一了两河流域。他颁布____________________,宣扬王权神授,完善官僚体系。

3.公元前 4 千纪末,__________发明了__________。

4.古代印度的种姓制度将居民分为__________、__________、__________、__________四个种姓,后来在四个种姓之外还出现了__________。

5.《吉尔伽美什》是用__________书写的。

### 二、选择题

1.“人类第一次通过自己的活动来增殖天然的产品,从而改变了整个社会的经济面貌,对人类的发展产生深远的影响。”这里的“活动”是指(　　)。

A.采集渔猎　　B.磨制石器　　C.栽培谷物　　D.养蚕种桑

2.地理环境对人类文明的形成和发展具有一定的影响。孕育了古代中国文明、古代印度文明、古代埃及文明、古巴比伦文明的相同地理因素是(　　)。

A.海洋　　B.河流　　C.高山　　D.沙漠

3.古希腊历史学家希罗多德说过:“埃及是尼罗河的馈赠。”对此理解最准确的是(　　)。

A.埃及奴隶制国家建在尼罗河畔

B.埃及人是喝尼罗河的水长大的

C.尼罗河的自然环境孕育了古埃及文明

D.尼罗河是世界上最长的河流

4.在古巴比伦王国国王汉谟拉比统治时期,一个奴隶因为不承认自己的主人便被处以割耳之刑。此判罚的依据最可能是(　　)。

A.《查士丁尼法典》　　B.《十二铜表法》

C.《汉谟拉比法典》　　D.拿破仑法典

5.古埃及的国王集行政、军事和司法权力于一身,并修建了规模较大的金字塔,金字塔的用途是(　　)。

A.教堂　　B.寺院　　C.陵墓　　D.神庙

6.阿拉伯数字由 0、1、2、3、4、5、6、7、8、9 共 10 个数字符号组成。采取高位在左,低位在右,从左往右书写的形式。最早发明阿拉伯数字的是(　　)。

A.古代印度人　　B.阿拉伯人　　C.古代埃及人　　D.古代中国人

7.由于历史环境的不同,古代埃及、古代印度、古代西亚和古代中国等古代文明呈现出多元发展的格局,创造出各具特色的文化成果。下列古代文明成果对应关系一致的是(　　)。

A.古代埃及——60 进制　　B.古代中国——方舟传说

C.古代印度——象形文字　　　　　　　　D.古代西亚——楔形文字

8.“法官的儿子永远是法官,小偷的儿子永远是小偷。”这是电影《流浪者》的经典台词,源于古代的阶级歧视制度。它是(　　)。

A.古希腊的城邦制度　　　　　　　　B.古巴比伦君主专制制度

C.古印度的种姓制度　　　　　　　　D.亚历山大君主专制制度

9.“站立在诸王诸帝之后者,是升斗小民。撑持着庄严、华丽、巍峨的神庙、宫殿及金字塔的,是无数工人及农夫。”上述文字最能说明该文明的特征是(　　)。

A.农业立国　　　B.王权神授　　　C.来世信仰　　　D.专制统治

10.人类在早期区域文明的诞生过程中创造了诸多成就:古代埃及的象形文字、孟斐斯城;古代中国的甲骨文、二里头宫殿遗址;古希腊的字母文字、雅典城等。据此判断,人类走向文明时代的显著特征是(　　)。

A.文字的出现和社会分工发展　　　　　　B.文字的出现和城市的兴起

C.私有制产生和王宫建筑出现　　　　　　D.阶级的出现和农业的产生

## 三、简答题

简述亚非文明古国的共同特点。

## 四、材料题

阅读材料,并按要求回答下列问题。

**材料一**　“法老”一词最早出现于古王国时期,原意为“宫殿”,中王国时期使用于对国家的颂词中,新王国时期正式成为国王的尊称。史学界根据君主专制王权开始于古王国的史实而把古王国及以后的埃及国王都称为法老。所谓君主专制,乃是国家管理的一种政体形式。古代埃及的君主专制制度是上古世界各国同类政体中最为典型的,具有非常鲜明的特征:第一,法老的意志就是法律。……第二,法老独揽了全国的一切行政大权。……第三,在法理上,法老拥有全国土地的最高所有权。……第四,法老是军队的最高统帅。……

——摘编自齐涛《世界通史教程:古代卷》

**材料二**　现在,我们可以在法国巴黎的卢浮宫里看到《汉谟拉比法典》,它由前言、正文和结语三部分组成,……该法典的很多条文是用来处理自由民的内部关系的,处理原则就是“以牙抵牙,以眼还眼”。……为了巩固奴隶主的统治,法典还规定了一些更严厉的条款……正是依靠这部法典,汉谟拉比时代的古巴比伦社会,成为古代东方奴隶制国家中统治最严密的国家。

——摘编自曹顺仙《世界文明史》

(1)提炼出材料一的主要信息。

(2)根据材料二,概括《汉谟拉比法典》的法律原则、实质和意义。

# 第2课 古代希腊罗马

## 知识梳理

**古代希腊罗马**

公元前2千纪,克里特文明和迈锡尼文明诞生。

公元前8世纪至前6世纪,古希腊人建立雅典、斯巴达等城邦。

约公元前508年,克里斯提尼进行改革,初步建立了雅典民主制度。

公元前5世纪至前4世纪,雅典产生了埃斯库罗斯等伟大的剧作家。

公元前509年,罗马建立共和国。

公元1世纪至2世纪,罗马帝国达到极盛时期。

395年,罗马帝国分裂为东、西两部分。

476年,西罗马帝国灭亡。东罗马帝国则延续发展,后被称为拜占庭帝国。

6世纪,东罗马皇帝查士丁尼组织系统搜集、整理罗马法,编订了《查士丁尼法典》等罗马法系列著作,后人称之为罗马"民法大全"。

## 史实意义

在政治上,欧洲巴尔干半岛南部和爱琴海地区诞生了古希腊和古罗马,古希腊实行民主制度,古罗马则逐步建立了帝制。在经济上,古希腊文明和古罗马文明发源于海洋文明;古希腊经济以农业为主,贸易不发达;古罗马农业和手工业发达,海内外贸易相当繁荣,丝绸之路连通罗马和中国。在思想文化与科技上,古希腊产生了一批杰出的哲学家、数学家、科学家,文学成就斐然,建筑艺术发达;古罗马发明了拉丁字母,建立了比较完备的法律体系,在文学、史学、法学、建筑和艺术等领域作出了重要贡献。

## 巩固练习

### 一、填空题

1.公元前8世纪至前6世纪,古希腊人在巴尔干半岛和地中海周边地区建立了一系列城邦,其中最著名的是____________和____________。

2.约公元前508年,克里斯提尼进行改革,初步建立了____________。

3.斯巴达的政治权利主要由____________和____________掌握。

4.古希腊城邦实行____________________,只有公民有权参与政治,但公民仅限于本邦的____________________,____________________都被排除在外。

5.公元 1 世纪至 2 世纪，罗马帝国达到____________。________年，罗马帝国分裂为东、西两部分。________年，西罗马帝国灭亡。东罗马帝国则延续发展，后被称为____________。

## 二、选择题

1.西方人对古希腊文明有着无法释怀的感念，西方人感念的是古希腊(　　)。

A.独特的地理环境　　B.城邦的民主制度

C.高大宏伟的建筑　　D.发达的商品经济

2.古希腊思想家柏拉图曾说："我们环绕着大海而居，如同青蛙环绕着水塘。"这表明古希腊文明兴起的重要客观条件是(　　)。

A.海洋　　B.河流　　C.土地　　D.山峦

3.马克思说："希腊的内部极盛时期是伯里克利时代。"这一时代，雅典(　　)。

A.法律体系健全　　B.成为希腊霸主　　C.自然科学发达　　D.民主达到顶峰

4.克里斯提尼和伯里克利是古希腊民主政治的代表性人物，他们属于(　　)城邦。

A.斯巴达　　B.特洛伊　　C.罗马　　D.雅典

5.他是古希腊的科学家，以发现杠杆定律和浮力定律而闻名。他是(　　)。

A.荷马　　B.阿基米德　　C.牛顿　　D.达尔文

6.黑格尔说："中国人除了皇帝一人外都不知道自己是自由的，古希腊有部分人知道自己是自由的。"在古希腊，知道自己自由的这"部分人"是(　　)。

A.妇女　　B.外邦人　　C.成年男性公民　　D.奴隶

7.世界古代历史上曾经存在过这样一个帝国：地中海一度成为其内湖，与中国汉朝处于同一时期。这个帝国是(　　)。

A.亚历山大帝国　　B.罗马帝国

C.阿拉伯帝国　　D.拜占庭帝国

8.有人这样描绘罗马城："所有的货物，所有现存的和曾经存在的东西，贸易、航海、农业、金属加工，任何曾经创造出来或者生长出来的东西，都在这里汇合。"据此可以得出的正确认识是(　　)。

A.帝国内部贫富差距悬殊　　B.帝国经济发展空前繁荣

C.原始的手工业比较发达　　D.罗马是世界贸易的中心

9."条条大路通罗马""身在罗马，就像罗马人一样行事"，这些西方谚语可以转义为成语"殊途同归""入乡随俗"。从历史文化的角度看，这些西方谚语的形成说明了(　　)。

A.罗马帝国为了向外扩张修建了许多道路　　B.当时有很多外国人在罗马学习、生活

C.罗马帝国的征服和统治充满着暴力　　D.罗马文化渗入它统治过的广大地区

10.据史料记载，古罗马称中国为"塞里丝"，意思是"丝绸之国"，而中国汉代史书称罗马为"大秦"，这表明(　　)。

A.两国的统治者已有密切的交往　　B.汉朝人认为罗马是秦朝的翻版

C.罗马帝国与东汉有共同的利益　　D.汉朝与罗马彼此有一定的了解

## 三、简答题

简述古希腊的主要文明成果。

## 四、材料题

1.阅读材料，并按要求回答下列问题。

**材料一** 公元前443年起，伯里克利连任十将军委员会的首席将军15年。执政期间，他进一步改革政治制度，规定一切官职向所有等级的公民开放，执政官用抽签法产生；公民大会成为最高的权力机构，十天召开一次，决定内政、外交、战争、和平等重大问题，凡年满20岁的男性公民都能参加。

——根据网络资料整理

**材料二** 列宁指出："在这种民主政治中参加选举的是全体，但仍然是奴隶主的全体，奴隶是除外的。"

——根据网络资料整理

(1)材料一所表述的是哪个地区的政治体制？

(2)根据材料二，这种政治体制只有什么人能够参与？

2.阅读材料,并按要求回答下列问题。

**材料一** 当时(公元前3世纪至前2世纪),被征服地区的军民俘虏源源不断地流入罗马,成为罗马奴隶的主要来源。据统计,在第一次布匿战争中,罗马总共把7.5万名俘虏卖为奴隶。

——摘编自吴于廑、齐世荣《世界史:古代史编(上卷)》

**材料二** 奴隶劳动被广泛应用于矿山、大作坊和农业中。田间劳动的奴隶白天戴着脚镣种地,夜间被关在像地牢一样的屋子里;矿山奴隶系着铁链,在兵士的监督下劳动;角斗士则被驱进角斗场,或互相厮杀,或与猛兽搏斗,以生命为代价供奴隶主哄笑取乐。奴隶稍不如主人意就被施以鞭抽、拳打、铁烙。为防止奴隶逃亡,有的奴隶被戴上项圈,项圈上的字是“捉住我,不要让我逃走”。

——摘编自《世界历史九年级上册(川教版)》

**材料三** 当时帝国地跨欧亚非三洲,地中海成为帝国的“内湖”。帝国境内农业、手工业和商业发展起来。海路畅通无阻,陆路纵横交错、四通八达,不仅促进了贸易的发展,也有利于信息传递和军队调防。帝国同北欧、印度和中国都有贸易往来,中国的丝绸也传入帝国。

——根据网络资料整理

(1)根据材料一,指出罗马奴隶的主要来源有哪些?

(2)根据材料二,概述奴隶的处境。

(3)结合所学知识,公元前73年,罗马爆发了一场声势浩大的奴隶起义,其名称是什么?产生了怎样的影响?

(4)根据材料三,该帝国指的是哪个国家?它同中国之间的贸易通道被称作什么?

# 第二单元

# 中古时期的世界

## 单元史实概要

中古时期是一个多元文明发展的时代。这一时期，欧洲和亚洲的封建制度进一步发展，非洲和美洲先后建立了一些国家。世界经济不断发展，农业、工商业等发达。随着一些帝国的兴起和对外贸易的发展，不同地区互通有无，世界文明交流互鉴，促进了人类文明的多元发展。

本单元旨在带领学生了解古代文明所取得的伟大成就，感悟世界人民的勤劳和智慧，引导学生树立多元文化意识和大历史观。

## 单元目标聚焦

### ◆课标要求

(1)知道法兰克王国，概述西欧封建制度的演变，了解西欧城市和大学的兴起及意义。

(2)了解阿拉伯帝国的兴起和发展过程。

(3)了解日本古代社会概况。

(4)知道非洲和美洲的文明发展状况。

### ◆重点与难点

**学习重点：**

(1)西欧封建制度的演变，城市和大学的兴起；

(2)阿拉伯帝国的兴起和发展过程；

(3)日本古代社会概况；

(4)非洲和美洲的文明发展状况。

**学习难点：**

(1)西欧封建制度的演变；

(2)亚洲文明对人类历史文明的贡献；

(3)非洲和美洲文明对人类文明的贡献。

# 第3课 中古时期的西欧

## 知识梳理

中古时期的西欧

5世纪末，法兰克人建立法兰克王国。
800年，法兰克王国演变为查理帝国。
843年，查理帝国一分为三，分别成为后来法兰西、德意志和意大利的雏形。
12世纪，巴黎大学创建。
1453年，拜占庭帝国灭亡。
15世纪末，英国建立专制王权国家。
17世纪末，俄罗斯成为地跨亚欧两洲的大帝国。

## 史实意义

在政治上，中古西欧进入封建社会，推行封君封臣制度和庄园农奴制度，王权专制、城市自治和教会神权统治并存。在经济上，中古西欧封建庄园经济盛行，城市工商业日益繁荣。在思想文化与科技上，中古西欧兴办大学，文化教育得到发展，打破了文化教育被教会垄断的局面。

## 巩固练习

### 一、填空题

1.800年，法兰克王国演变为查理帝国。843年，查理帝国一分为三，分别成为后来____________、____________和____________的雏形。

2.在中古前期的西欧，________是最重要的社会财富。

3.中古西欧的基本生产单位是________。

4.中古西欧城市的主要居民是____________和商人。城市和商品经济的发展，冲击了建立在自然经济基础上的____________。

5.大学产生之前，中古欧洲的文化教育被________垄断，教育者和教育对象基本限于____________。

### 二、选择题

1.中世纪西欧封建制度是以土地的封赐为纽带，通过层层分封形成的，在分封过程中，接受土地的人被称为(　　)。

A.封君　　B.封主　　C.封臣　　D.地主

2.僧侣、骑士和农民构成了中古西欧社会最重要的三个阶层,僧侣是祈祷的人,骑士是作战的人,农民是劳作的人,其中“僧侣”来自(　　)。

A.佛教　　B.基督教　　C.伊斯兰教　　D.印度教

3.12 世纪起,西欧的教育与学术出现了新的气象,这一气象是指(　　)。

A.大学的兴起　　B.教会学校的崛起

C.教师私人办学　　D.庄园法庭的建立

4.欧洲中世纪曾出现过“以一种个人的联合、上下级之间靠个人之间的效忠与保护维系着的关系”,这种关系赖以存在的基础是(　　)。

A.城市　　B.庄园　　C.土地　　D.宗教

5.“一个拥有几个封臣的封君本人也许就是更高一级封君的封臣,而更高一级封君又是一个更大关系网络中的封君手下的一名封臣。”这一现象出现在(　　)。

A.古代希腊　　B.古代日本　　C.中古西欧　　D.古代俄罗斯

6.13 世纪的庄园法庭规定:只有领主的磨坊才能磨面粉,佃户不得到庄园以外磨面粉,违者罚款 20 先令。可见,庄园法庭(　　)。

A.维护领主的利益　　B.限制领主的特权　　C.依据习惯法判案　　D.开庭地点不固定

7.10—11 世纪起,欧洲各地兴起了众多城市。这些城市兴起的条件不包括(　　)。

A.社会的稳定　　B.生产力水平提高

C.农业的机械化　　D.工商业的复兴和繁荣

8.某学习小组在学习某一主题时,内容涉及封君封臣制度、庄园与农奴制、王权强化、城市自治、《查士丁尼法典》。就此判断这一主题为(　　)。

A.史前的人类文明　　B.中古时期的欧洲

C.古代非洲和美洲　　D.亚洲的文明古国

9.中古时期欧洲的庄园里建有住宅、教堂、磨坊、马厩、仓库等设施,备有耕畜和各种生产工具,还有一些手工作坊及专职手工业者,可以生产各种生活和生产所需的物品。这说明欧洲庄园(　　)。

A.呈现出自然经济的特点　　B.有利于城市自治的形成

C.体现了王权专制的色彩　　D.带来了商品经济的发展

10.13 世纪中叶,牛津大学校长罗伯特·哥罗塞特对亚里士多德的著作提出怀疑,并用数学和实验证明自己的哲学观点。其学生也曾进行科学实验和讲学,批评神学。这可用以说明英国早期大学(　　)。

A.引领文艺复兴的潮流　　B.摆脱了教会的思想束缚

C.鼓励质疑的科学精神　　D.推动了自治城市的出现

## 三、简答题

简述大学在中古时期欧洲兴起的原因。

## 四、材料题

1.阅读材料,并按要求回答下列问题。

这是西欧小封建主在从大封建主处接受封地,履行敕封仪式时的宣誓:“我的主人啊!臣下乃是我主的仆人,领有采邑的家臣。臣下愿竭忠尽智,不顾生死,一生奉养我的主人。”

——根据网络资料整理

(1)材料反映的是西欧的什么制度?

(2)这一制度中连接君与臣关系的纽带是什么?

(3)简要概述赐予土地的人和接受土地的人之间的关系。

2.阅读材料,并按要求回答下列问题。

**材料一** 劳役量的多少主要依据佃户份地的大小来确定,而且是按照惯例相对固定的,领主不能随意增加。佃户为领主进行的劳动和为自己进行的劳动是分开的。佃户可以独立耕作份地,维持生活。佃户使用领主的磨坊、酿酒机、面包炉等,都必须缴纳使用费。教会也向佃户征收“什一税”。如果佃户是农奴,负担就更重了。农奴的女儿嫁到庄园以外的人家,要缴纳一笔称为“婚姻捐”的赔偿费。农奴死亡,子女继承份地,要向领主缴纳数额不菲的“继承捐”。

——摘编自《世界历史九年级上册(人教版)》

**材料二** 13世纪的庄园法庭曾留下这样的记录:佃户因为没有认真耕种领主的田地,被罚款6便士;佃户的家畜误入领主的园子,被罚款6便士;只要领主的磨坊能够磨面粉,就不得到庄园以外磨面粉,违者被罚款20先令。

庄园法庭档案还记录了这样一些事:无权享用公共牧场但仍在牧场内放牧的人,侵犯了全体村民的权益,判令他们从牧场牵走他们的牲畜,从此不得占用牧场,违者还要被罚款;不按规定价格卖酒的人,也要被罚款。

——根据网络资料整理

**材料三** 即使中世纪农奴的命运确实比罗马的奴隶要强得多……但它仍然是粗陋的、可怜的,为现代人所难理解。住处一般是破陋的茅棚,用糊上泥巴的枝条编成的篱笆搭成……据说,一顿好饭经常只包括两道饭菜:非常像粥的麦糊和非常像麦糊的粥,这不完全是玩笑。水果几乎没听说过,蔬菜限于洋葱、韭菜、萝卜和甘蓝之类,统统煮成一种稀汤。肉食一年难得碰上几遭……

——根据网络资料整理

(1)根据材料一并结合所学知识,指出佃户对领主有哪些义务?

(2)根据材料二,指出庄园法庭惩罚的违法行为有几种?惩罚手段是什么?

(3)材料三描述的是中世纪欧洲农奴的哪方面情况？

(4)根据以上材料并结合所学知识,指出庄园居民中人数最多的是什么人？庄园法庭对佃户有何积极作用？庄园是一个什么性质的单位？

# 第4课 中古时期的亚洲

## 知识梳理

**中古时期的亚洲**

7世纪初期，穆罕默德在麦加创立伊斯兰教。
645年，日本发生了宫廷政变，建年号为“大化”。
646年，日本实行改革，史称“大化改新”。
8世纪中叶，阿拉伯帝国形成。
12世纪末，日本进入幕府政治时期。
13世纪前期，日本幕府颁布法典，规范武士的行为。
13世纪中期，阿拉伯帝国灭亡。
1453年，奥斯曼帝国攻占君士坦丁堡，建立起地跨亚非欧三洲的大帝国。

## 史实意义

在政治上，亚洲出现了中央集权国家；阿拉伯帝国在鼎盛时期发展成地跨亚非欧三洲的大帝国；日本经过大化改新步入封建时代，12世纪末进入幕府政治时期。在经济上，亚洲的阿拉伯帝国经济繁荣，手工业和商业得到发展。在思想文化与科技上，阿拉伯帝国在文学和科学等领域取得了重要成就，同时也成为东西方文化交流的桥梁。

## 巩固练习

### 一、填空题

1.7世纪初期，穆罕默德在麦加创立____________。

2.在阿拉伯帝国时期，____________被定为官方语言，逐渐取代很多地方原有的语言。

3.阿拉伯帝国时期，____________、____________和____________都有一定发展。

4.阿拉伯帝国城市众多，____________是当时世界上著名的大都市之一。

5.阿拉伯人融合了东西方文化，在文学和科学等领域都取得了重要成就，其中最有代表性和影响最大的文学作品是________________。

### 二、选择题

1.“它不仅是一种宗教信仰，而且是一种社会和政治体系，以及一种普遍的生活方式。它是阿拉伯文明独特的印记。”其中的“它”指的是（　　）。

A.佛教　　B.基督教　　C.伊斯兰教　　D.印度教

2.有学者称:“如果以事态发展的影响为标准,那么穆罕默德无疑是历史上的一位巨人。”穆罕默德的历史贡献是(　　)。

A.创立了伊斯兰教　B.建立奥斯曼帝国　C.灭亡拜占庭帝国　D.弘扬了印度佛教

3.8世纪中期,阿拉伯人建立起地跨亚非欧三洲的大帝国,其都城在(　　)。

A.巴格达　B.君士坦丁堡　C.热那亚　D.开罗

4.沿着丝绸之路,东西方文化不断交流和传播。在不同文明之间搭起了文化交流的桥梁,对世界文化的传播与交流起到最大贡献的是(　　)。

A.印度人　B.希腊人　C.阿拉伯人　D.伊斯兰教

5.阿拉伯商人和旅行家成为东西方文化交流的桥梁,下列文明成果经阿拉伯人传入欧洲的是(　　)。

A.印度的数字　B.拉丁字母　C.《查士丁尼法典》　D.庄园制度

6.646年,日本天皇颁布诏书,实行改革,史称(　　)。

A.“班田收授法”　B.“幕府政治”　C.“大化改新”　D.“明治维新”

7.由于武士集团的兴起,从12世纪晚期开始,天皇大权旁落。日本由此进入长达近700年的(　　)。

A.孔雀王朝统治时期　B.斯图亚特王朝统治时期

C.哈里发统治时期　D.幕府统治时期

8.日本的“大化改新”,主要是仿照了中国的(　　)朝代进行改革的。

A.秦汉　B.明清　C.两宋　D.隋唐

9.“日本与中国保持着长期的交往,在政治、经济、文化等方面深受中国的影响,并在7—8世纪进入新的历史发展时期。”其中的“新”表现为(　　)。

A.大和政权实现统一　B.部民为贵族私有民

C.建立中央集权制度　D.进入幕府统治时期

10.下列关于日本大化改新的表述,正确的是(　　)。

A.是一次封建性质的改革　B.仿效英国建立君主立宪制度

C.使日本摆脱了沦为半殖民地的危机　D.倡导文明开化,大力发展教育

## 三、简答题

简述大化改新的主要内容。

## 四、材料题

阅读材料，并按要求回答下列问题。

**材料一** 中东北非是多民族聚居区，而阿拉伯帝国的征服运动是以伊斯兰教为旗帜的，因而帝国的民族政策大多是通过宗教原则体现出来的。对非阿拉伯人实行安抚政策，这一安抚政策集中体现在阿拉伯军队在对外扩张时与当地人订立的和约上，以及对犹太教徒、基督教徒、祆教徒等异教徒的宽容。穆罕默德在传教之初即承认犹太教徒、基督教徒为“有经典的人”。

——摘编自张咏梅《论阿拉伯帝国的民族政策与文化繁荣》

**材料二** 民族政策使非阿拉伯人中诞生了众多的文化名人，而这一政策产生的原因是什么呢？首先，帝国境内各民族族类渊源相似、习俗相近、往来已久。其次，帝国伊斯兰化的宏伟目标与有序管理庞大帝国的政治现实成为这一政策的客观需要。最后，帝国强大，思想开阔。这是帝国民族宽容政策的物质与精神基础。

——摘编自张咏梅《论阿拉伯帝国的民族政策与文化繁荣》

(1)根据材料一，概括阿拉伯帝国的民族政策。结合所学知识，简述阿拉伯帝国民族政策的积极作用。

(2)根据材料二，概括阿拉伯帝国采取上述民族政策的原因。

(3)结合所学知识，举例说明阿拉伯帝国在东西方文明发展中的作用。

# 第5课 中古时期的非洲和美洲

## 知识梳理

**中古时期的非洲和美洲**

约2世纪，阿克苏姆王国开始兴起。
3—9世纪，玛雅文明进入繁荣时期。
6—7世纪，阿克苏姆王国卷入波斯和拜占庭之间的战争，逐渐衰落。
10—15世纪，东非沿海地区先后产生一系列城市国家。
10世纪以后，玛雅文明逐渐衰落。
13世纪，马里兴起。
14世纪，莫诺莫塔帕王国兴起。
15世纪中后期，桑海攻灭马里，成为西非霸主。
15世纪中后期，印加人以今秘鲁为中心创建了一个庞大帝国，首都是库斯科。

## 史实意义

在政治上，非洲出现了阿克苏姆王国和其他一系列国家；西非地区，马里、桑海先后崛起；南非的津巴布韦一度兴盛；美洲的玛雅人建立了数十个城市国家，但经常爆发战争；阿兹特克国家一度达到鼎盛，阶级分化；印加人建立了庞大的帝国，中央集权不断加强。在经济上，非洲和美洲均培育了一些重要的农作物，但农业总体落后；东非沿海国家对外贸易发达；美洲地区经济发展缓慢。在思想文化与科技上，非洲的廷巴克图成为西非重要的文化中心；美洲的印第安人创造了玛雅文明、阿兹特克文明和印加文明。

## 巩固练习

### 一、填空题

1.马里是西非地区的一个古国，其控制了________的生产以及通向北方的________，能够通过商队进行对外贸易，获得丰厚收入。

2.在古代美洲大陆上，先后产生了____________、____________和____________三大文明。

3.玛雅的城市建筑精美，其中最具代表性的建筑是____________，呈____________。

4.阿兹特克人有________、________和________的区分。

5.印加帝国内有总长约40 000千米的道路，这些道路强化了印加帝国的____________，也有助于帝国____________和____________的传播。

二、选择题

1.古代美洲文明源远流长，为世界文明的发展作出了重要贡献。古代美洲文明的代表不包括(　　)。

A.玛雅文明　　B.阿兹特克文明

C.印加文明　　D.迦太基文明

2.15世纪中后期，攻灭马里，成为西非霸主的国家是(　　)。

A.桑海　　B.桑给巴尔　　C.津巴布韦　　D.埃及

3.“除了它(桑海)地处肥沃的苏丹草原这一地理位置，还有横贯撒哈拉沙漠的贸易，都促成了这一王国的兴起。”桑海王国兴起的原因是(　　)。

A.良好的气候　　B.地理条件好

C.正确的政策　　D.充足的水源

4.下列植物品种中，最早由美洲文明种植的是(　　)。

A.玉米和甘薯　　B.橄榄和葡萄

C.小麦和玉米　　D.葡萄和花生

5.在中美洲的尤卡坦半岛，古代玛雅文明曾非常繁荣。下列不属于玛雅文明成果的是(　　)。

A.种植棉花　　B.金字塔　　C.种植小麦　　D.太阳历

6.15世纪中后期，某美洲文明曾以今天的秘鲁为中心创建了一个庞大的帝国，没有文字，采用结绳记事，该美洲文明是(　　)。

A.阿兹特克　　B.玛雅　　C.印加　　D.阿克苏姆

7.古代西非、东非、南非虽然较北非落后，但是也曾经出现过许多文明国家，其中南部非洲文明的代表是(　　)。

A.莫诺莫塔帕王国　　B.阿克苏姆王国

C.马里王国　　D.摩加迪沙王国

8.大津巴布韦是非洲古代文明的杰出代表，它得名于(　　)。

A.金字塔建筑　　B.地处非洲东部

C.桑海帝国文明的一部分　　D.石头城建筑

9.在津巴布韦的维多利亚博物馆里，陈列着早年土著人的绘画和从“大津巴布韦石屋遗址”出土的文物，在遗址旁还保留着古代的梯田、水渠、水井，遗址地基上还找到了古代铸造钱币的泥模。这说明古代津巴布韦(　　)。

A.创造了最发达的文明　　B.商业贸易超过农业

C.曾经有着辉煌的文明　　D.绘画艺术高度发达

10.“他们发明了浮动园地：从湖底挖出淤泥，堆积在固定于水中的木排上，形成浮动园地，在上面种植农作物。”描述的是(　　)。

A.阿兹特克文明　　B.玛雅文明

C.印加帝国　　D.班图人的生活

## 三、简答题

简述玛雅文明取得的成就。

## 四、材料题

阅读材料,并按要求回答下列问题。

**材料一** 因为大洋阻隔,美洲处在与其他地区基本隔绝的状态,文明发展的孤立性特别突出,地域性特征也相当明显。印第安人利用大自然赋予的财富,以自己的聪明才智创造了灿烂的文明成就,从农业文明发展角度来说,他们创造了独特的美洲玉米文明。

——根据网络资料整理

**材料二** 流感不像钢刀那样寒光闪闪,但印第安人都躲不开它……天花比所有的枪、炮更厉害,消灭了更多的印第安人。四下流行的鼠疫也正在使这些地区荒芜。……在从形成时期(约公元前 1 000 年)到西班牙人入侵的这段漫长时期内,所有证明这些地区之间存在着相互影响或接触的实物或记录,都是不可靠的。

——摘编自斯塔夫里阿诺斯《全球通史》

(1)根据材料一,指出为什么说印第安人是古代美洲文明的缔造者?

(2)结合所学知识,简述印第安人的杰出成就。

(3)根据材料二并结合所学知识,简述印第安文明走向衰亡的原因。

# 第三单元

# 全球联系的建立与资本主义的兴起

## 单元史实概要

14世纪，随着资本主义萌芽的出现和新兴资产阶级的崛起，文艺复兴运动在意大利兴起，并扩展到西欧其他地区。随后的二三百年间，宗教改革、科学革命、启蒙运动在西欧相继展开，解放了人们的思想，推动了资本主义经济和政治的发展。15、16世纪，新航路开辟后，欧洲国家通过殖民扩张，完成了资本的原始积累。17、18世纪，英国、美国和法国相继展开资产阶级革命，建立资本主义制度。世界历史由此进入资本主义时期。

本单元旨在引导学生用辩证思维认识、评价历史事件，提高学生分析历史事件、思考历史问题的能力，培养学生积极进取、勇于拼搏、锲而不舍的精神。

## 单元目标聚焦

◆课标要求

（1）知道文艺复兴、宗教改革、近代科学革命和启蒙运动，认识这些事件对世界历史的影响。

（2）了解新航路开辟、西方早期殖民扩张和整体世界的初步形成。

（3）了解欧美国家资产阶级革命的原因、过程，认识其历史意义。

◆重点与难点

**学习重点：**

（1）文艺复兴、宗教改革、近代科学革命和启蒙运动的概况；

（2）新航路开辟的概况；

（3）欧美国家资产阶级革命概况。

**学习难点：**

（1）文艺复兴、宗教改革、近代科学革命和启蒙运动对世界历史的影响；

（2）新航路开辟的影响；

（3）欧美国家资产阶级革命的历史意义。

# 第6课 欧洲的思想解放运动

## 知识梳理

**欧洲的思想解放运动**

14世纪初，意大利佛罗伦萨诗人但丁完成长诗《神曲》。

14世纪前后，资本主义萌芽，新兴资产阶级开始兴起。

15—16世纪，文艺复兴由意大利向西欧其他国家和地区扩展。

1517年，马丁·路德发表《九十五条论纲》。

1543年，哥白尼出版《天体运行论》，提出“日心说”。

16、17世纪，科学家们在天文学、物理学、数学、生物学等许多方面都取得了突破，被称为“科学革命”。

17、18世纪，英国等地出现了早期的启蒙思想。

18世纪中后期，法国的《百科全书》为1789年爆发的法国大革命做了舆论准备。

## 史实意义

文艺复兴传播了人文主义思想，冲破了教会的禁锢，解放了人们的思想，为资本主义的兴起和发展奠定了思想基础。新教反对天主教会的繁文缛节，主张建立廉俭教会，不再听命于罗马教廷，在一定程度上打破了教会对人们思想的禁锢，有利于新兴资本主义的发展。科学革命使人们日益相信，通过自己的努力探索，可以揭示自然背后的许多奥秘，不再完全迷信教会的说教，思想获得进一步解放。启蒙运动进一步解放了人们的思想，为资本主义的建立做了舆论宣传和理论准备，推动了美国独立战争和法国大革命的爆发。

## 巩固练习

### 一、填空题

1.文艺复兴中的“文学三杰”是__________、__________和__________。

2.文艺复兴中的“美术三杰”是__________、__________和__________。

3.文艺复兴传播了__________思想，冲破了__________的禁锢，解放了人们的思想，为资本主义的兴起和发展奠定了思想基础。

4.__________在《天体运行论》中提出“__________”，否定了长期以来教会所宣扬的地球中心说。

5.__________是法国启蒙运动的领袖，被誉为“法兰西思想之父”。

## 二、选择题

1.开始于 14 世纪中叶，起源于意大利，传播于欧洲，以人文主义为核心，涌现出了但丁、达·芬奇、莎士比亚等文学艺术大师的思想文化运动是(　　)。

A.宗教改革　　B.启蒙运动　　C.文艺复兴　　D.宪章运动

2.文艺复兴时期的思想大师们把人文主义当作自己的旗帜，他们颂扬“人”，蔑视“神”，提倡“人权”，否定“神权”。造成这种现象的经济根源是(　　)。

A.反对教会宣扬的神权思想　　B.资产阶级个人主义的反映

C.资本主义生产关系的萌芽　　D.维护天主教教会的专制统治

3.文艺复兴时期涌现出了许多优秀的文艺作品。下列人物与其作品搭配正确的是(　　)。

A.达·芬奇——《神曲》　　B.莎士比亚——《哈姆雷特》

C.但丁——《蒙娜丽莎》　　D.达尔文——《最后的晚餐》

4.文艺复兴时期，许多文学作品讲述性格各异的人物故事，内容尽显人间百态。这些作品的出现主要是因为(　　)。

A.传统文学的继承　　B.民主政治的完善

C.人文主义的影响　　D.宗教神学的废除

5.薄伽丘的《十日谈》因充满“可怕的人欲”而为教会所不容，该书反映的人文主义内涵是(　　)。

A.批判古典主义　　B.追求伦理道德

C.讴歌自然人性　　D.反对专制王权

6.达·芬奇在绘画时常思考，一个人哭时看起来是什么样子；笑的时候，身体内在的情形——肌肉、骨头和筋又是什么样子。于是，他对人的遗体进行解剖和研究。这表明，达·芬奇(　　)。

A.旨在进行实验科学研究　　B.刻意表现奔放情感

C.探求对人体的理性认识　　D.否定天主教神学理论

7.下列属于哥白尼的贡献是(　　)。

A.提出“地心说”　　B.发现了美洲大陆

C.提出“日心说”　　D.著有《社会契约论》

8.近代某位科学家发现了万有引力定律，确立了较为完整的力学体系，为近代物理学的发展奠定了基础。这位科学家是(　　)。

A.哥白尼　　B.牛顿　　C.瓦特　　D.贝尔

9.启蒙运动是继文艺复兴之后欧洲的又一次思想解放运动，其精神内核是(　　)。

A.理性主义　　B.浪漫主义

C.享乐主义　　D.自由主义

10.直接推动了美国独立战争和法国大革命的重大历史事件是(　　)。

A.文艺复兴　　B.波士顿倾茶事件

C.启蒙运动　　D.法国三级会议召开

### 三、简答题

简述文艺复兴时期人文主义思想及其产生的历史背景。

### 四、材料题

阅读材料，并按要求回答下列问题。

**材料一** 启蒙运动不是陡然而至的。新航路的开辟使欧洲人认识到世界其他地方还存在迥异的民族、宗教和文明形态，使基督教关于人类起源的说法成为虚假之言。17 世纪初，英国莎士比亚的《哈姆雷特》等作品，充分体现了人文主义的政治理想和道德观念。17 世纪的欧洲逐渐确立了通过观察、实验、分析、归纳和综合等基本路径，发现自然规律的科学方法，而不是盲信教廷的权威。伏尔泰对中国由明智的君主和哲学家的统治赞赏备至，据此提倡实行开明的君主制。18 世纪兴旺发达的出版业充当了传播启蒙观念的重要工具。

——摘编自何平、曾祥裕《从概念史的角度看启蒙运动》

**材料二** 启蒙运动不是一个单独的历史事件。从 18 世纪开始到 19 世纪，它对欧洲和美洲的知识界有着一系列的影响。"理性"是启蒙运动的精神内核。启蒙思想家认为判断是非的标准是人的理性。他们相信进步，相信在科学和教育的作用下，社会将趋于完美。他们对未来社会提出了一些基本的政治思想，如天赋人权、平等、自由、法制、权力制衡等。

——摘编自弗兰克·萨克雷、约翰·芬德林《世界大历史：1689—1799》

(1) 根据材料一，分析欧洲启蒙运动兴起的背景。

(2) 根据材料二，指出启蒙思想家的主要观点。

# 第7课 全球航路的开辟和欧洲早期殖民扩张

## 知识梳理

**全球航路的开辟和欧洲早期殖民扩张**

1488年，迪亚士到达非洲最南端。

1492年，意大利航海家哥伦布率领西班牙帆船抵达陆地。

1496年，西班牙在海地建立了第一个美洲殖民地圣多明各。

1497—1498年，达·伽马到达印度，开辟了欧洲绕非洲大陆到东方的航路。

1519年，麦哲伦穿过美洲大陆南端的海峡进入太平洋，到达亚洲。

1522年，麦哲伦的船队横渡印度洋回到西班牙，完成了人类历史上的第一次环球航行。

1553年，葡萄牙窃取了在中国澳门的居住权，西班牙则占领了亚洲的菲律宾。

17世纪，荷兰垄断了海上贸易，在世界各地建立殖民据点，并一度占据中国的台湾。

18世纪，英国成为最强大的殖民国家。

## 史实意义

新航路的开辟使世界开始连成一个整体。新航路开辟以后，西方逐渐主导了世界贸易和世界市场。欧洲通过殖民扩张完成资本原始积累，加速了欧洲资本主义的发展。经过一系列资产阶级革命，资本主义国家逐步确立了资本主义制度。

## 巩固练习

### 一、填空题

1.________________、________________和________________，为人们的远洋航行提供了必要的条件。

2.最早探索新航路的两个国家是__________和__________。

3.1497—1498年，__________沿迪亚士的航线航行，到达印度，开辟了欧洲绕非洲大陆到东方的航路。

4.________________、________________和________________，使全球联系初步建立，世界开始走向一体。

5.1553年，中国澳门的居住权被__________窃取。

## 二、选择题

1.从葡萄牙出发,绕过好望角,溯非洲东海岸北上,横渡印度洋,到达印度西海岸的航海家是(　　)。

A.迪亚士　　B.达·伽马　　C.哥伦布　　D.麦哲伦

2.下列航海家的船队,完成了人类历史上的第一次环球航行的是(　　)。

A.迪亚士　　B.哥伦布　　C.达·伽马　　D.麦哲伦

3.促进了资本主义的产生和发展,使世界开始连为一个整体的历史事件是(　　)。

A.文艺复兴　　B.资产阶级革命

C.全球航路的开辟　　D.第二次工业革命

4.有人说:"新航路的开辟标志着天主教开始冲出欧洲,走向世界。"这句话说明葡萄牙、西班牙支持开辟新航路的目的之一是(　　)。

A.掠夺黄金香料　　B.掠夺原料　　C.开辟海外市场　　D.传播天主教

5.欧洲到美洲的航路开辟后,原产美洲的玉米、烟草、花生、番茄等作物开始传入欧亚,非洲的咖啡传到欧美。这种现象反映了新航路的开辟(　　)。

A.推动了欧洲贸易中心的转移　　B.加强了各大洲之间的联系

C.促进了欧洲工商业的发展　　D.促进了欧洲文化思想的繁荣

6.全球航路开辟后,致使非洲丧失了近一亿精壮人口,而殖民者却从中大发横财的历史史实是(　　)。

A.希波战争　　B.亚历山大东征

C.英国对印度的殖民侵略　　D."三角贸易"

7.在殖民者战争中相继击败西班牙、荷兰和法国,在18世纪成为最强大殖民国家的是(　　)。

A.葡萄牙　　B.英国　　C.德国　　D.美国

8."三角贸易"中最具悲惨性和血腥性的贸易航程是(　　)。

A.非洲—美洲　　B.美洲—非洲

C.美洲—欧洲　　D.欧洲—非洲

9.全球航路开辟以后,西欧强国开始向亚洲、非洲和美洲进行殖民扩张,给殖民地人民带来了深重的灾难,也在一定程度上促进了本国资本主义的发展,其主要原因是通过海外殖民可以(　　)。

①解决技术难题　②积累原始资本　③提供工业原料　④开拓海外市场

A.①②③　　B.②③④　　C.①②④　　D.①③④

10.16世纪,香料和黄金是欧洲从殖民地进口的主要商品。其他商品,如来自非洲的咖啡、美洲的可可、亚洲的茶叶,都成为欧洲人日常生活中的主要饮品。这反映了(　　)。

A.欧洲已经成为世界市场的中心

B.各大洲之间的商品交流极其频繁

C.新航路开辟推动了世界贸易发展

D.新大陆社会转型的步伐大大加快

## 三、简答题

简述新航路开辟的影响。

## 四、材料题

阅读材料，并按要求回答下列问题。

**材料一** 16世纪下半叶，英国开始大力发展海盗活动，著名海盗德雷克建立了一家海盗企业，伊丽莎白女王、一些贵族都是这家公司的股东。到16世纪60年代后期，英国海盗活动扩张到大西洋，他们专门抢劫西班牙装载美洲金银的白银舰队和葡萄牙运载东方香料的船只，并且还多次进行远征。这种海盗活动，使英国政府有资本能发展舰队，最后英国的舰队在1588年击败西班牙无敌舰队，消除了海上称霸的最大障碍。

——摘编自申晓若《英法两国资本原始积累之比较》

**材料二** 欧洲尤其是西欧国家都在贩奴运动中发了横财，为本国的资本主义发展准备了十分充足的条件。所以有人说，一个个黑奴的躯体就是一块块砖，无数黑奴的血肉就是无数的钢筋水泥，极度繁荣的欧美城市，如伦敦、阿姆斯特丹、马德里、纽约等，都是靠这些砖块一层层垒起来、靠这些钢筋水泥一点点浇灌而成的。

——根据网络资料整理

(1)根据材料一，归纳英国开展海盗活动的方式。

(2)根据材料二并结合所学知识，谈谈你对欧洲殖民扩张与掠夺的看法。

# 第8课 欧美主要国家的资产阶级革命与资本主义制度的确立

## 知识梳理

**欧美主要国家的资产阶级革命与资本主义制度的确立**

1637年，苏格兰爆发起义。

1640年，英国资产阶级革命开始。

1642年，英国内战爆发。

1688年，英国发生“光荣革命”，巩固了革命成果。

1689年，英国议会通过《权利法案》。

1775年，美国独立战争爆发。

1776年，大陆会议通过《独立宣言》，宣告北美13个殖民地脱离英国的统治，成为一个独立的国家——美利坚合众国。

1787年，美国制定了宪法。

1789年，法国大革命爆发。

1792年，法国废除君主制度，建立了法兰西第一共和国。

1793年，路易十六被送上断头台。

1793年，以罗伯斯庇尔为首的雅各宾派掌握了政权。

1794年，罗伯斯庇尔被送上断头台。

1799年，拿破仑·波拿巴掌握了政权，1804年称帝。

1875年，法国的资产阶级共和制最终确立。

## 史实意义

英国议会通过《权利法案》，以法律形式对国王的权力进行了明确的限制，扩大了议会权力。英国逐步建立君主立宪制，确立了资产阶级的统治地位，为资本主义的发展扫清了道路。1787年，美国制定了宪法，成为联邦制国家。美国独立战争既是一次民族解放战争，也是一场资产阶级革命。《独立宣言》宣告美国独立。法国制宪议会发布《人权宣言》，宣称人生来自由，权利平等，私有财产神圣不可侵犯。法国废除君主制度，建立了法兰西第一共和国。1875年，法国的资产阶级共和制最终确立。

## 巩固练习

### 一、填空题

1.1688 年，英国发生了“____________”，巩固了革命成果。1689 年，英国议会通过《____________》，以法律形式对国王的权力进行了明确的限制。

2.1776 年，美国在费城召开的大陆会议通过《____________》，宣告北美 13 个殖民地脱离英国的统治，成立一个独立的国家——美利坚合众国。

3.1787 年，美国制定了宪法，宪法规定美国的政治体制是____________。

4.1792 年，法国废除____________，建立了法兰西第一共和国。

5.法国大革命以后，共和制和君主制在法国轮番上演，直至 1875 年，法国才最终确立______________________。

### 二、选择题

1.有人说，17 世纪末的英国国王开始被套上“紧箍咒”。这里的“紧箍咒”是指(　　)。

A.《人权宣言》　　B.《权利法案》

C.《法国民法典》　　D.《独立宣言》

2.以下确立了君主立宪制的资产阶级革命是(　　)。

A.英国资产阶级革命　　B.法国大革命

C.欧洲宗教改革　　D.美国独立战争

3.1688 年，“光荣革命”是英国历史的转折点，从表面上看似乎一切都没有变，只是换了国王，没有议会就没有国王的王位。这表明英国(　　)。

A.社会没有发生根本变化　　B.君主权力仍至高无上

C.议会逐渐掌握核心权力　　D.国王由议会选举产生

4.世界上第一部比较完善的资产阶级成文宪法是(　　)。

A.《独立宣言》　　B.《权利法案》　　C.美国 1787 年宪法　　D.《法国民法典》

5.1776 年 7 月 4 日，大陆会议发表《独立宣言》，标志着(　　)。

A.独立战争的开始　　B.美利坚合众国诞生

C.独立战争的转折　　D.英国承认美国独立

6.历史人物是历史长河中最鲜活的元素。下列人物和事件搭配错误的是(　　)。

A.但丁——英国资产阶级革命　　B.哥伦布——新航路开辟

C.华盛顿——美国独立战争　　D.拿破仑——法兰西第一帝国

7.法国大革命开始的标志是(　　)。

A.议会重新召开　　B.莱克星顿枪声

C.萨拉托加大捷　　D.攻占巴士底狱

8.《人权宣言》宣称人们生来自由，权利平等，私有财产神圣不可侵犯，这主要保护了(　　)的利益。

A.教士、贵族　　B.新贵族　　C.资产阶级　　D.无产阶级

9.《法国民法典》确立了法律统一、法律不溯及既往、立法与司法分离、公私权相互独立等原则，还渗透了社会契约、人人平等的思想。据此可推知，《法国民法典》(　　)。

A.是对以往罗马习惯法的汇编

B.确保了拿破仑帝国的独裁体制

C.奠定了资本主义法律的基础

D.将启蒙思想首次付诸实践

10.有史学家认为："从某种角度而言，法国大革命大大超过了以往的历次革命，包括英国革命和美国革命。"这一观点表明法国大革命(　　)。

A.创建了民主共和政体　　B.以暴力革命为主要方式

C.根除了专制复辟的危险　　D.斗争更激烈，革命性更彻底

## 三、简答题

简述美国 1787 年宪法的性质、意义和局限性。

## 四、材料题

阅读材料，并按要求回答下列问题。

**材料一**　法国在大革命后的近一个世纪内，君主制与共和制的斗争此起彼伏，国家政体变动频繁。1870 年 9 月 4 日，巴黎人民通过革命推翻了法兰西第二帝国，建立了法兰西第三共和国，但共和制仍然前途未卜。当时国民议会中派别林立，有君主派、温和共和派、激进共和派、小资产阶级民主派等，各派之间展开了错综复杂的斗争。1875 年 1 月 30 日，国民议会以 353 票对 352 票确定了选举共和国总统的方法，意味着确认了共和制。随后，主张君主制的议员越来越多地转而支持共和制，并且君主派已是资产者的派别。国民议会通过了 5 部宪法性法律，合称为第三共和国宪法或 1875 年宪法。

——摘编自郭华榕《法国政治制度史》

**材料二**　1875 年宪法规定，总统为国家元首、政府首脑，由国民议会两院依绝对多数票选出，拥有统率军队、任命内阁各部部长和一切军政要员、解散众议院等权力。总统的命令须经由各部部长副署。国民议会由参议院与众议院组成。众议员由直接普选产生，参议员由间接选举产生。内阁向议会负责，内阁总理须由议会多数党领袖担任，议员可以兼任内阁官职。

——摘编自洪波《法国政治制度变迁：从大革命到第五共和国》

（1）根据材料一、二和所学知识，说明法国1875年宪法得以通过的原因。

（2）根据材料二和所学知识，指出法兰西第三共和国的政体与美国相比有何不同。

# 第四单元

# 工业革命与马克思主义的诞生

## 单元史实概要

18世纪中期到20世纪初期，欧美国家相继发生了两次工业革命。两次工业革命都带来了生产力的发展，对社会结构和社会关系等都产生了不同的影响，推动世界历史进程发生了重大变化。在总结工人运动实践经验、汲取近代各种优秀思想成果的基础上，马克思和恩格斯创立了马克思主义。马克思主义的诞生为国际工人运动指明了方向。国际工人运动在科学理论的指导下蓬勃发展，无产阶级革命进入了新的发展阶段。

本单元旨在增强学生对科技改变世界的认同感，引导学生树立共产主义远大理想，培养学生传承工匠精神。

## 单元目标聚焦

### ◆课标要求

（1）知道两次工业革命的基本史实，比较两次工业革命的特点；认识两次工业革命的意义和影响。

（2）知道马克思主义产生的时代背景；了解《共产党宣言》和马克思主义的内涵，认识马克思主义诞生的历史意义；知道第一国际和巴黎公社。

（3）了解近代职业教育的兴起与发展。

### ◆重点与难点

**学习重点：**

（1）两次工业革命的基本史实；

（2）马克思主义诞生，巴黎公社运动；

（3）近代职业教育的兴起与发展。

**学习难点：**

（1）两次工业革命的意义和影响；

（2）马克思主义诞生的历史意义；

（3）近代职业教育的兴起与发展。

# 第9课 改变世界的工业革命

## 知识梳理

**改变世界的工业革命**

1764年前后,织工哈格里夫斯发明了“珍妮纺纱机”。
1771年,阿克莱特建立了第一座水力纺纱厂。
18世纪80年代,瓦特试制出可以广泛使用的蒸汽机。
1851年,英国在伦敦举办了人类历史上第一次世界博览会。
19世纪70年代,实际可用的发电机问世,将电力转化为动力的电动机也被制造出来。
1876年,德国人奥托制造出了以煤气为燃料的内燃机。
19世纪八九十年代,德国的工程师们又相继发明了使用汽油和柴油为燃料的内燃机。
19世纪末20世纪初,资本主义世界经济体系最终形成。
1906年,美国人费森登发明了无线电广播。

## 史实意义

在政治上,资产阶级和无产阶级成为社会的两个主要阶级。在经济上,工厂这种新的生产组织形式出现了;工业革命极大地提高了生产力,推动了经济结构的变化;工业逐渐成为社会经济的主要部门,农业所占比重下降,商业营销、交通运输和金融银行等服务业的重要性持续提升;工业的生产和经营模式也发生了变化,垄断组织开始产生;19 世纪末 20 世纪初,资本主义世界经济体系最终形成。在思想文化与科技上,1764 年前后,织工哈格里夫斯发明了“珍妮纺纱机”,增加了纱线产量;18 世纪 80 年代,瓦特试制出可以广泛使用的蒸汽机,人类进入“蒸汽时代”;1831 年,法拉第发现了电磁感应现象,电力进入生产和生活的各个领域,人类进入“电气时代”;内燃机的发明和应用是第二次工业革命的另一个重大成就。

## 巩固练习

### 一、填空题

1.1764 年前后,织工____________发明了“珍妮纺纱机”,增加了纱线产量。

2.机器生产取代____________,是工业时代来临的显著标志。

3.电力作为更加清洁便利、动力更加强大的新能源进入生产和生活各个领域,人类进入“____________”。

4.内燃机的发明和应用是第______次工业革命的另一个重大成就。

5.工业革命推动了经济结构的变化，__________逐渐成为社会经济的主要部门，__________所占比重开始下降，__________、__________和__________等服务业的重要性持续提升。

## 二、选择题

1.18 世纪中期，英国之所以能够先跨入“蒸汽时代”，是因为它有着世界上独一无二的政治保障，这个保障是指（　　）。

A.英国国家的统一　　B.资产阶级民主政治的建立

C.广阔的世界市场　　D.先进的生产技术

2.约翰·希克斯说：“工业革命是现代工业的兴起而不是工业本身的兴起。”“现代工业”与以手工工场为代表的传统工业的本质区别是（　　）。

A.榨取工人剩余价值　　B.雇佣自由劳动力

C.使用机器进行生产　　D.分工协作的形成

3.保尔·芒图在《十八世纪产业革命》中指出：“所谓大工业，首先必须将其理解为一种组织，一种生产制度。”文中的“组织”“生产制度”是指（　　）。

A.工厂　　B.垄断组织　　C.手工工场　　D.世界贸易组织

4.内燃机的发明引起了交通运输领域的革命性巨变。“巨变”的主要表现是（　　）。

A.大工厂制度出现　　B.火车和轮船的发明

C.汽车和飞机的发明　　D.电子计算机和航天飞机的发明

5.与第一次工业革命相比，第二次工业革命体现出的特点是（　　）。

A.出现了“工厂”生产组织形式　　B.科技与生产的紧密结合

C.英国率先进行并向其他国家扩展　　D.蒸汽动力取代了自然力

6.工业革命前时间以天为单位，现在以分钟、以秒计算……火车还教会人们守时，准时准点成了现代生活的准则，人们开始要随身带上一块表，时间概念是一个全新的概念。这段话反映出工业革命（　　）。

A.改变了人们的生活方式　　B.带来了环境污染问题

C.加速了城市化发展进程　　D.增强了工人的劳动强度

7.19 世纪最后 30 年，几乎没有什么工业部门未曾受到科学新发现的影响，如电力工业等这些新兴工业完全是在科学发现中首创的工业，其面貌的改革当然要比那些早已建立的工业显著得多。这段话表明（　　）。

A.机器生产取代手工劳动　　B.垄断资本主义发展迅速

C.近代自然科学开始兴起　　D.科学研究助推工业发展

8.1619—1625 年，运往欧洲的棉布为 22.15 万匹。到 17 世纪末，这项贸易直线上升。棉纺织品不仅比毛纺织品轻，而且便宜……这是一种销售范围很广、需求量很大的商品，它足以带动一场工业革命。这一材料主要说明了（　　）。

A.市场需求刺激工业革命　　B.资本流动带动工业革命

C.殖民掠夺引发工业革命　　D.经济发展要求工业革命

9.从17世纪中叶到18世纪,英国政府通过圈地运动、海外殖民掠夺、强盗式贸易、贩卖奴隶和对国内人民的剥削,完成了扩大资本主义生产的两个先决条件。这两个先决条件是(　　)。

A.政治制度和阶级基础　　B.世界市场和技术积累

C.自由劳动力和资本原始积累　　D.土地和自由劳动力

10.表9-1为1740—1861年英国铁产量统计情况,铁产量迅速增加的直接原因是(　　)。

表9-1　1740—1861年英国铁产量统计

| 时间 | 1740年 | 1788年 | 1791年 | 1861年 |
| --- | --- | --- | --- | --- |
| 铁产量 | 1 735吨 | 6 830吨 | 125 079吨 | 3 800 000吨 |

A.英国君主立宪制确立　　B.英国占领了广阔的殖民地

C.英国工业革命的进行　　D.英国成为世界贸易中心

## 三、简答题

简述工业革命的影响。

## 四、材料题

阅读材料,并按要求回答下列问题。

**材料一**　1851年,英国在伦敦举办了人类历史上第一次世界博览会。博览会期间,参观人数多达630万人。14 000件展出品,如引擎、水力印刷机、纺织机械等,向参观者展示了现代工业的发展和拥有无限想象力的人类创造的科技成果。

——根据网络资料整理

**材料二**　1904年,在美国圣路易斯举办的世博会,给世人留下了深刻的记忆。博览会主题展馆中,电气馆是当时最引人注目的展馆,爱迪生曾亲自到展馆检查;机械馆,供应世博会的能源,是实业家流连忘返的地方;运输馆,汽车堂皇出入……这次世博会不仅反映了社会生活变化,也体现了第二次工业革命对全球人类共同体面貌的影响,极大地促进了世界经济整体化的趋势。

——根据网络资料整理

(1)根据材料一并结合所学知识,指出英国举办人类历史上第一次世界博览会的优势。

(2)根据材料二并结合所学知识,从生产力、生产关系和全球化三方面说明第二次工业革命是如何影响"全球人类共同体面貌"的。

# 第10课 马克思主义的诞生和国际工人运动的发展

## 知识梳理

马克思主义的诞生和国际工人运动的发展

1825年，英国爆发了第一次经济危机。

19世纪三四十年代，英国工人开展了宪章运动，法国里昂工人和德意志西里西亚织工发动了武装起义。

1844年，马克思和恩格斯在巴黎见面。1848年，二人合作撰写了《共产党宣言》。

1849年后，马克思完成了《资本论》等重要著作。

1864年，英国、法国、意大利和德意志等国家和地区的工人代表在伦敦召开会议，成立国际性的工人组织——“国际工人协会”，后来被称为“第一国际”。

1871年，巴黎工人发动武装起义，建立了工人自己的政权——巴黎公社。

1875年，德国社会民主工党和另一个工人党合并，成立德国社会主义工人党。

## 史实意义

在政治上，1864年9月，英国、法国、意大利和德意志等国家和地区的工人代表在伦敦成立了国际性的工人组织——“国际工人协会”，后来被称为“第一国际”；第一国际的成立推动了马克思主义的传播和国际工人运动的新发展；1871年3月，巴黎工人建立了工人自己的政权——巴黎公社；巴黎公社作为无产阶级建立政权的第一次伟大尝试被载入史册，实践并丰富了马克思主义学说，为国际工人运动的发展提供了宝贵的经验和教训。在思想文化与科技上，1848年2月，马克思和恩格斯发表了《共产党宣言》；马克思主义不仅指导了欧洲和北美洲的工人运动，在亚洲、拉丁美洲等殖民地半殖民地国家和地区，也成为工人运动和民族民主运动的重要思想武器。

## 巩固练习

### 一、填空题

1.马克思和恩格斯广泛吸收德国古典哲学、英国古典政治经济学和空想社会主义等优秀思想成果，总结工人运动经验，一起探讨人类社会发展的规律和资本家剥削工人的秘密，共同创立了__________的科学理论体系。

2.1848年2月，受共产主义者同盟第二次代表大会的委托，马克思和恩格斯发表了同盟纲领，即____________。

3.1864年9月，英国、法国、意大利和德意志等国家和地区的工人代表在伦敦召开会议，决定加强国际合作，成立国际性的工人组织——“____________”。

4.1870年，法国在普法战争中失败，社会矛盾激化。次年3月，巴黎工人发动武装起义，建立了工人自己的政权——____________。

5.____________作为无产阶级建立政权的第一次伟大尝试被载入史册，实践并丰富了马克思主义学说，为国际工人运动的发展提供了宝贵的经验和教训。

## 二、选择题

1.马克思主义诞生的背景是工业革命后资本主义新的社会矛盾，“新的社会矛盾”主要指(　　)。

A.交通和环境污染等问题严重　　B.工业无产阶级的壮大

C.社会贫富分化、阶级矛盾尖锐　　D.西方侵略、掠夺东方

2.法国里昂工人起义被镇压、德意志西里西亚纺织工人起义被镇压、英国宪章运动失败。三大工人运动这样的结果从侧面说明(　　)。

A.工人运动需要科学理论指导　　B.欧洲各国反动势力非常强大

C.欧洲工人阶级力量异常弱小　　D.资本主义正处于上升的时期

3.18世纪，空想社会主义者只是开始对社会主义进行理论探讨和论证。到19世纪三四十年代，空想社会主义者则把批判矛头直接对准资本主义制度。这一现象出现的重要原因在于(　　)。

A.资本主义的弊端日益暴露　　B.社会阶级结构的重大变化

C.工人阶级已登上政治舞台　　D.人们对“理性王国”普遍失望

4.空想社会主义者圣西门认为：“讨论、证明、说服，是工业者所用的唯一方法，他们应该用这种方法去取消贵族、军人、法官、富人等对于社会产业的管理。”这种观点的空想性体现在(　　)。

A.没有选择正确的阶级斗争的对象　　B.工人运动缺乏先进阶级的领导

C.没有意识到工人阶级要夺取政权　　D.离开阶级斗争来实现社会主义

5.“让统治阶级在共产主义革命面前发抖吧。无产者在这个革命中失去的只是锁链，他们获得的将是整个世界。全世界无产者，联合起来！”这一时代强音最早出自(　　)。

A.《权利法案》　　B.《人权宣言》

C.《独立宣言》　　D.《共产党宣言》

6.1848年2月24日，英国伦敦一家印刷厂印出一批小册子，从此，共产主义——这个在欧洲横空出世的“幽灵”，开启了它改变世界历史进程的序幕。该书册(　　)。

A.标志着马克思转变为共产主义者　　B.吸收了德国古典政治经济学理论

C.是为共产主义者同盟起草的纲领　　D.标志着无产阶级登上了政治舞台

7.《共产党宣言》手稿和《资本论》第一卷马克思自注本入选《世界记忆名录》。其纸页散脱的深色笔记本里，包括了写满公式的化学笔记，图表一张接一张的经济学笔记，贴着剪报、配

有插图的地质学笔记。以上材料主要表明(　　)。

A.手稿速记潦草,满是涂改勾画　　B.作者勤勉,不断学习并持续深入研究

C.马克思用化学公式论证其理论　　D.《共产党宣言》《资本论》影响深远

8.1872—1893 年,马克思、恩格斯先后为《共产党宣言》的德文版、俄文版、意大利文版等写了七篇序言,并根据无产阶级革命的经验和教训,对《共产党宣言》做了补充和修改。这说明马克思主义(　　)。

A.基本原则不断变化　　B.成为各国革命的指导思想

C.理论来源逐步扩大　　D.在实践中不断与时俱进

9.马克思在论及巴黎公社时曾说:“自上而下一切公职人员,都只能领取相当于工人工资的报酬。”据此可知巴黎公社(　　)。

A.推动科学社会主义理论的诞生　　B.是马克思主义理论的成功实践

C.是代表工人利益的无产阶级政权　　D.是当时生产力水平下发展的产物

10.1871 年,马克思在《法兰西内战》中详细阐述了工人阶级打碎旧国家机器的理论,“打碎”包括破坏旧的国家压迫性机关,也包括改造政府管理社会公共事务的合理职能。马克思这一理论主要得益于(　　)。

A.第一国际　　B.三大工人运动　　C.巴黎公社　　D.法国大革命

## 三、简答题

简述《共产党宣言》的主要内容。

## 四、材料题

阅读材料,并按要求回答下列问题。

**材料一**　巴黎公社的革命措施

| | |
|---|---|
| 政权建设 | 打碎旧的国家机器,建立立法与行政合一的政权机关和司法机构;废除旧军队和旧警察,代之以国民自卫军和治安委员会 |
| | 人民有权监督和罢免由选举产生的公职人员,所有公职人员的工资不得超过熟练工人的工资 |
| 社会经济 | 没收逃亡资本家的工厂,由工人合作社管理工厂;实行 8 小时工作制;等等 |

——摘编自《世界近代史·上册》

**材料二** “努力劳动、用心思索、战斗不息、流血牺牲的巴黎……正射放着它的历史首创精神的炽烈的光芒!”

——摘编自马克思《法兰西内战》

(1)根据材料一并结合所学知识,说明如何理解巴黎公社是“无产阶级建立政权的第一次伟大尝试”。

(2)根据材料二并结合所学知识,概述巴黎公社革命的历史意义。

# 第11课 近代职业教育的兴起和发展

## 知识梳理

**近代职业教育的兴起和发展**

18世纪后期，德意志地区出现了半工半读的工业学校。

1821年创办的爱丁堡工艺学校是英国早期的正规职业教育机构。

1829年，法国成立巴黎中央工艺制造学校。

1830年，俄国创办莫斯科皇家技术学校。

1868年，清朝船政大臣沈葆桢在福建船政学堂开设艺圃，培养造船修船的技术工人。

1872年，日本的富冈缫丝厂创办职工学校，培训成绩卓著。

1878年，德国的普鲁士在铁路维修工场开始实施系统化的职业培训。

19世纪末20世纪初，美国的职业教育迅速发展。

## 史实意义

传统学徒制已不能适应工业生产的需要，近代职业教育应运而生。工业化国家对职业教育进行调整和改革，逐步形成了较为成熟的职业教育体系。近代职业教育提高了公民的素质，既为经济发展提供了大量的合格劳动力和技术人才，也推动了教育的普及化。

## 巩固练习

### 一、填空题

1.在正规职业学校出现以前的很长时间里，____________构成了稳定的职业培训体系，保障了行业传统延续、技艺传承和培训质量。

2.18世纪后期，德意志地区出现了____________的工业学校，教授学生纺织、木工和皮革加工等技艺。

3.德国形成了“____________”职业教育体系。

4.____________被誉为德国“职业学校之父”。

5.中国近代第一所培养技术工人的学校是____________。

### 二、选择题

1.12世纪西欧城市的学徒制度规定：学徒要以“我承诺和同意”进行自我约束，顺从和保护师傅不受损失，按照师傅的要求改正错误；师傅向学徒毫无保留地传授本行业的一切技术，为学徒提供住宿、食物等,否则要缴纳大量的罚金。这表明中世纪,西欧的职业教育( )。

A.受益于城市自治 B.受益于庄园经济

C.注重订立契约关系 D.师徒关系很不平等

2.在14、15世纪,城市原有的行会组织成为一部分工匠要千方百计突破的发展障碍。这样他们可以扩大生产规模,增加帮工和学徒的数量,并把破产的同行雇为己用。材料说明( )。

A.分散的手工工场出现 B.集中的手工工场形成

C.雇佣劳动关系出现 D.机器大生产的出现

3.19世纪中后期,世界主要资本主义国家的职业教育模式开始产生转变,学徒制逐渐衰退,学校模式开始成为主要模式。教学内容也不再仅仅包含实践经验或技艺,而是更多地包含和技术关系越来越密切的相关科学理论知识。这一变化( )。

A.适应了工业化发展的需要 B.折射出精英群体的文化诉求

C.说明欧美教育的世俗化 D.表明社会阶级结构发生异变

4.据统计,1816年英国13岁以下工人在棉纺织行业所占比例为20%,1835年为13%,1850年为8%。19世纪中期以后,学校教育成为西方职业教育的主要模式。同时,德国统一之前就规定实行义务教育,1860年普鲁士儿童入学率达97.5%。这些情况的出现主要是由于( )。

A.科技发展对劳动者素质要求提高 B.经济发展提升了工人的社会地位

C.城市化进程扩大了劳动力的渠道 D.工业革命使工人劳动日益复杂化

5.1802年,英国颁布《工厂法》,明确规定工厂雇佣的劳动者要接受培训教育。1889年,英国颁布《技术教育法》,正式将职业教育纳入学制,鼓励和推动英国职业培训的发展。这一做法( )。

A.体现了启蒙思想对人的关注 B.表明了英国民主政治权力下移

C.是工人阶级英勇斗争的结果 D.反映了工厂制发展的现实要求

6.1802年,英国颁布的《工厂法》中有如下规定:每个学徒无论男女,至少在前4年内每个工作日应有一定的时间受教育……学习读、写、算或其中任意一种……教师的工资由雇主提供,学校开办在工厂和作坊内,上学时间都应计入学徒工工作时间。这些规定( )。

A.有助于适应工业化大生产的需要 B.严重侵害了雇主群体的经济利益

C.提高了学徒工的社会政治地位 D.旨在维护学徒工的受教育权

7.1875年,普鲁士矿业、冶金业与盐业部门有105家企业为工人开设培训课程、教育课程及讲座。19世纪末,职业教育实践开始进入国家层面,并逐渐成为经济政策的重要组成部分。这反映了( )。

A.国家高度重视平民化教育 B.高等教育已经成为时代潮流

C.工业化推动职业教育发展 D.基础教育普及带动社会进步

8.从19世纪中后期开始,德国大兴职业教育,创办了大批实科学校、专科学校和工业学校。实科学校、专科学校主要接收拥有初等学校教育水平但不能顺利升学的学生。工业学校是半工半读学校,专为社会底层儿童开设的。这一现象( )。

A.凸显德国教育的公益性 B.说明德国教育开始世俗化

C.迎合了工业革命的需求　　D.展现了德国基础教育成就

9.19 世纪以前,德国中等职业教育学校主要有实科中学和工业学校。19 世纪初,德国开始建立多科技术学院,这些学院逐渐成为高等职业教育的主要力量。1869 年,《北德意志联邦营业条例》规定不足 18 岁的伙计、帮工和学徒有进入进修学校接受职业补习教育的义务,德国职业教育“双元制”形成。德国的职业教育“双元制”(　　)。

A.以适应工业化进程为出发点　　B.促使科学与技术紧密结合

C.成为教育与经济结合的开端　　D.致力于满足民众教育诉求

10.自 2019 年以来,我国教育部已经批准 22 所学校开展本科层次的职业教育试点,打破了职业教育止步于专科层次的“天花板”。2021 年 3 月,国务院新闻办公室召开新闻发布会,提出在“十四五”时期,要以高等职业教育改革为主要任务,大力培养重点领域专业人才。由此可见,职业教育改革(　　)。

A.标志着我国已全面建成小康社会　　B.更能培养高素质的技术技能劳动者

C.适应新时代经济社会发展的需求　　D.为奋进的中国提供强大的精神力量

## 三、简答题

简述近代职业教育的兴起和发展。

## 四、材料题

1.阅读材料,并按要求回答下列问题。

萌发于中世纪的英国职业教育,在 19 世纪后半期迅速发展。19 世纪,马尔萨斯等人提出了教育是一项公共事业的思想,教育家阿诺德等人积极提倡发展职业教育。斯德奇等人更是直接参与职业教育,如他们创办的成人夜校就推动了机械工人讲习所运动的发展。19 世纪初期,英国成立了“皇家工艺学会”等,以加强对职业教育的管理。1889 年,英国颁布《技术教育法》,要求地方当局提供技术教育等。19 世纪后半期的大学不仅开始培养工商业人才,也“向每天的劳动仅足以糊口的人民群众的子弟开放”。为了提升英国的经济竞争力,1880 年“伦敦同业公会”成立了从旁援助技术教育的“伦敦市成人教育协会”。

——摘编自李渝红《英国职业教育介绍》

根据材料并结合所学知识，概括19世纪后半期英国职业教育迅速发展的原因。

2.阅读材料，并按要求回答下列问题。

**材料一** 随着农业与工业的急速发展，从事农业与工业的技术人员数量急需补充，专业素养也亟待提高。而当时学校以培养教士和绅士为目的，无法满足工业化社会的发展需求。因此，改进传统职业教育，创办促进产业发展的专业学校，培养适应时代发展的人才成为必然选择。

——摘编自周文娟《1862—1917年美国职业教育变革研究》

**材料二** 1862年，《第一莫雷尔法案》颁布伊始，美国高等和中等职业教育先后在课程、学校、师资等方面进行了改革和调整，至1917年《史密斯—休斯法》颁布，确立了美国现代职业教育体系的基本框架。因历史积淀、现实需求，以及未来发展诸多因素的综合影响，职业教育变革率先在高等教育开启，且联邦政府先于州政府提出变革职业教育；形成了联邦、州政府、行业协会多方联合的管理模式；教育理念与现实需求相适应，主要内容、学校种类和课程设置多样化、实用化。

——摘编自里帕《自由社会中的教育：美国历程（第8版）》

（1）根据材料一、二，说明这一时期美国职业教育发展的背景。

（2）根据材料二，概括美国职业教育的发展特点。

# 第五单元

# 资本主义的扩展与亚非拉民族独立运动

## 单元史实概要

19世纪，主要资本主义国家进行了资产阶级改革，资本主义进一步扩展。随着资本主义进入帝国主义阶段，列强掀起了瓜分世界的狂潮，世界殖民体系最终形成。包括中国在内的亚非拉地区沦为殖民地和半殖民地后，当地人民进行了各种形式的抗争。拉美爆发独立战争，印度出现民族大起义，埃塞俄比亚挫败了意大利的入侵。中国社会各阶级也开始了救亡图存的各种探索。

本单元旨在引导学生树立正确的世界观，尊重各国历史和文化；培养学生英勇顽强、不畏强权的精神。

## 单元目标聚焦

◆课标要求

（1）了解19世纪下半期主要国家资产阶级改革的原因、过程和意义。

（2）了解西方列强的殖民扩张和世界殖民体系的建立。

（3）知道亚非拉地区民族独立运动的史实，理解殖民地、半殖民地民族独立运动对世界历史发展的意义。

◆重点与难点

**学习重点：**

（1）19世纪下半期主要国家资产阶级改革的概况；

（2）世界殖民体系的建立。

**学习难点：**

（1）19世纪下半期主要国家资产阶级改革的意义；

（2）殖民地、半殖民地民族独立运动对世界历史发展的意义。

# 第12课 19世纪下半期资本主义的扩展

## 知识梳理

19世纪下半期资本主义的扩展

1861年，意大利王国宣布成立，撒丁国王被尊为意大利国王，实行君主立宪制。

1861年4月，美国南北战争爆发。

1862年，林肯签署了《宅地法》和《解放黑人奴隶宣言》两个重要法令。

1865年4月，美国南北战争结束。

1865年12月，美国宪法第13条修正案正式生效，奴隶制被废除。

1867年，日本"倒幕派"发动政变，结束了幕府的统治。

1868年，日本恢复权威的天皇，定年号为"明治"，改江户为东京，并于次年迁都东京。

1870年，意大利完成统一。

到19世纪末，意大利已跻身欧洲强国之列。

19世纪60年代起，普鲁士首相俾斯麦通过三次王朝战争，先后打败了丹麦、奥地利和法国，完成了德意志的统一。

1871年，普鲁士国王在法国凡尔赛宫加冕为德意志帝国皇帝。

到20世纪初，德国已成为欧洲头号、世界第二的工业强国。

## 史实意义

1870年，意大利完成统一。19世纪60年代起，普鲁士首相俾斯麦通过三次王朝战争，完成了德意志的统一。德国的统一促进了资本主义的发展。南北战争维护了美国的统一，从法律上废除了奴隶制，为美国资本主义的进一步发展奠定了基础。但是此后黑人仍然长期遭到歧视。明治政府积极推行有利于资本主义发展的改革措施，史称"明治维新"。明治维新使日本摆脱了沦为西方殖民地的厄运。日本成为亚洲第一个走上资本主义发展道路的国家，国力迅速增强。但明治维新保留了大量的封建残余，为日本走上军国主义道路埋下了祸根。

## 巩固练习

### 一、填空题

1.1861年，意大利王国宣布成立。______年，意大利完成统一。

2.19世纪60年代起，普鲁士首相俾斯麦通过三次王朝战争，先后打败了__________、

__________和__________,完成了德意志的统一。

3.到 20 世纪初,__________已成为欧洲头号、世界第二的工业强国。

4.1865 年 4 月,美国南北战争结束。当年 12 月,美国宪法第 13 条修正案正式生效,__________被废除。

5.__________成为亚洲第一个走上资本主义发展道路的国家。

## 二、选择题

1.德意志、意大利统一的根本原因都是(　　)。

A.国家处于分裂状态　　B.资本主义经济的发展

C.人民渴望统一　　D.有杰出人物起核心作用

2.1871 年,普鲁士国王在法国凡尔赛宫加冕为德意志帝国皇帝,德意志帝国宣告成立。德意志帝国成立的途径是通过(　　)。

A.俾斯麦三次王朝战争　　B.贵族的军事政变

C.国内的资产阶级革命　　D.自下而上的人民起义

3.19 世纪中期,德国经济发展的最大障碍是(　　)。

A.外来侵略　　B.封建专制　　C.国家分裂　　D.军国主义

4.德意志帝国在统一过程中排除的阻碍不包括(　　)。

A.丹麦　　B.英国　　C.法国　　D.奥地利

5.一百多年前,在巴黎的凡尔赛宫,德意志帝国宣布成立。统一之前的德意志面临的主要问题是(　　)。

A.贵族掌握军事行政大权　　B.四分五裂状态导致经济落后

C.强国插手德意志内部的斗争　　D.没有行之有效的宪法做保障

6.林肯在美国南北战争前说:"如果不解放一个奴隶就能保存联邦,我就一个不放;如果解放全部奴隶就能保存联邦,我就全部解放;如果解放一部分奴隶,不解放其他奴隶就能保存联邦,我也照办。"这说明南北战争前林肯致力于(　　)。

A.维护联邦统一　　B.解放黑人奴隶

C.发展美国经济　　D.解决农民土地问题

7.马克思说:"在美国历史上和人类历史上,林肯必将与华盛顿齐名。"这是因为林肯政府(　　)。

A.废除了奴隶制、维护了国家统一　　B.巩固了北方资产阶级的统治

C.满足了农民平均分配土地的要求　　D.消除了美国对黑人的种族歧视

8.英、美、法、德四国分别通过颁布《权利法案》《1787 年宪法》《法兰西第三共和国宪法》《德意志帝国宪法》确立了代议制民主。这种现象反映了资产阶级民主道路的一个突出特点是(　　)。

A.反封建性　　B.渐进性　　C.普选制　　D.法治化

9.通过"黑船事件"打开日本国门的是(　　)。

A.英国　　B.法国　　C.美国　　D.德国

10.下列有关日本明治维新影响的说法,不正确的是(　　)。

A.促进了日本资本主义的发展

B.使日本国力迅速增强

C.使日本摆脱了沦为殖民地的民族危机

D.比较彻底地消除了日本封建势力

## 三、简答题

简述明治维新的主要内容。

## 四、材料题

1.阅读材料,并按要求回答下列问题。

林肯对美国作出了很大的历史贡献,其遇害后所产生的"伟大的解放者"形象深入人心,成为标准的美国历史叙事。20世纪二三十年代,美国学界开始挑战这叙事。20世纪70年代,"新美国史学"流派出现,强调"自下而上"的研究视角,一些学者也注意挖掘相关档案文献材料进行研究。随着20世纪八九十年代州权主义的抬头,林肯"伟大的解放者"形象受到颠覆性质疑。

埃里克·方纳认为,林肯一方面提倡自由劳动的价值观,另一方面认可奴隶制在南方的存在,这说明内战与解放奴隶并不直接相关。芭芭拉·菲尔兹也认为,内战中真正启动废奴进程的不是那些写在国会或总统文献上的文字,而是那些为争取自由而采取"主动行动"的奴隶。

——摘编自埃里克·方纳《给我自由!一部美国的历史》等资料

(1)根据材料并结合所学知识,概括林肯"伟大的解放者"形象产生的史实依据。

(2)根据材料并结合所学知识,简析美国学界对林肯评价变化的原因。

2.阅读材料,并按要求回答下列问题。

19世纪60年代以前,德国始终处于四分五裂的状态,一直是欧洲大陆的主战场。统一和强大成为德意志民族国家形成和发展的最大动力。通过不懈努力,铁血宰相俾斯麦最终在1871年完成了德意志统一。统一后的德国抓住第二次工业革命的机遇,经济取得了飞跃性的发展,到20世纪初,成为欧洲头号、世界第二的工业强国。德国能够在短时间快速崛起不是偶然的。自查理曼大帝时代起,德国就非常重视教育和文化发展,适龄儿童入学率高达97.5%,国民素质得以提高。同时,德国建立了高等教育,1810年创立的柏林大学,成为现代大学制度的鼻祖。对教育和科研的重视与大量的人力、物力投入很快使德国站在了世界科学技术发展的前沿。同时,德国涌现出一大批科学家和技术发明家,如西门子、爱因斯坦、普朗克等。从19世纪中后期到20世纪初,德国的科技创新光芒,让世界瞩目。

——摘编自王昌林等《大国崛起与科技创新——英国、德国、美国和日本的经验与启示》

(1)根据材料并结合所学知识,概括近代德国崛起的特点。

(2)根据材料并结合所学知识,简析近代德国崛起的主要原因。

# 第13课 资本主义世界殖民体系的建立与亚非拉民族独立运动

## 知识梳理

**资本主义世界殖民体系的建立与亚非拉民族独立运动**

19世纪，英国成为世界上最大的殖民帝国，影响遍及全球。

1822年，葡属巴西宣布独立。

1826年，西班牙在拉美最后的据点被攻克，西属拉美获得独立，建立了一系列独立国家。

1839年，在英国的主导下，印度开始建设第一条铁路。

1857年，印度的一些士兵因不满英国的殖民统治宣布起义。

1879年，非洲的第一个政党——祖国党在埃及成立。

19世纪80年代，比利时国王利奥波德二世在刚果河流域建立了殖民帝国。

1894年底，意大利以埃塞俄比亚不履行两国条约为名，发动侵略战争。

19世纪最后30年，非洲成为西方列强瓜分的主要对象。

19世纪末20世纪初，主要资本主义国家进入帝国主义阶段。

至1900年，印度铁路里程已达4万千米，是当时亚洲最为庞大的铁路系统。

1900年前后，东南亚绝大部分国家和地区沦为西方列强的殖民地。

至1914年，除埃塞俄比亚和利比里亚外，3 000多万平方千米的非洲大陆已被西方列强瓜分完毕。

至20世纪初，亚洲和非洲绝大部分国家和地区沦为殖民地和半殖民地，独立的拉美国家实际在经济上也依附于欧美，资本主义世界殖民体系最终形成。

## 史实意义

在政治上，西方列强对亚非拉进行殖民扩张，逐步建立了资本主义世界殖民体系；面对列强的掠夺与压榨，亚非拉人民奋起抗争，在19世纪末掀起了民族独立运动，深刻影响着世界历史的发展进程。在经济上，资本主义世界市场形成。在思想文化上，亚非拉人民民主意识增强，开始救亡图存的各种探索；帝国主义殖民统治客观上推动了殖民地社会向现代转型；在部分殖民地，出现了统一的文字和官方语言。

## 巩固练习

### 一、填空题

1.19世纪，________成为世界上最大的殖民帝国，影响遍及全球。

2.19世纪80年代，比利时国王利奥波德二世在刚果河流域建立了殖民帝国，其真正目的是获取那里的__________。

3.19世纪最后30年，________成为西方列强瓜分的主要对象。

4.__________主张民族平等、废除奴隶制，被誉为南美的“解放者”。

5.埃塞俄比亚抗击__________侵略的胜利，打破了帝国主义国家不可战胜的神话。

### 二、选择题

1.随着西方国家不断殖民扩张，掀起瓜分世界的狂潮，世界殖民体系最终形成于(　　)。

A.18世纪中后期　　B.18世纪末19世纪初

C.19世纪中后期　　D.19世纪末20世纪初

2.19世纪末20世纪初，西方列强侵占并几乎瓜分了整个非洲。保持独立的国家除了利比里亚，还有一个是(　　)。

A.阿尔及利亚　　B.埃及　　C.津巴布韦　　D.埃塞俄比亚

3.在第五届美洲国家首脑会议上，委内瑞拉总统查韦斯送给美国总统奥巴马一本书——《拉丁美洲：被切开的血管》。该书名喻指拉丁美洲曾经(　　)。

A.出现几何形国家边界　　B.为西方发展提供支援

C.形成畸形单一作物制　　D.遭受西方的殖民侵略

4.在拉丁美洲战争中，涌现出了许多英雄人物。其中最著名的是(　　)。

A.玻利瓦尔、圣马丁　　B.玻利瓦尔、提拉克

C.提拉克、孟尼利克二世　　D.阿拉比、圣马丁

5.1822年，巴西摆脱某欧洲国家的殖民统治，获得了独立。该欧洲国家是(　　)。

A.法国　　B.西班牙　　C.英国　　D.葡萄牙

6.19世纪，印度掀起了反英大起义，拉丁美洲拉开了反对西班牙殖民统治的斗争序幕。如果为它们确定一个主题，应该是(　　)。

A.反对封建专制统治的斗争　　B.建立资产阶级政权的革命

C.殖民地人民的抗争　　D.维护国家独立和主权的斗争

7.非洲一些国家的边界是用尺画出来的，是柏林会议“地图上作业”的结果。造成这种结果是由于(　　)。

A.文明的多样性　　B.发展的程度高　　C.西方列强瓜分　　D.地理环境特殊

8.19世纪末20世纪初，资本主义世界殖民体系最终形成，整个世界被瓜分完毕。资本主义世界殖民体系最终形成的主要原因是(　　)。

A.西方列强的贪得无厌　　B.亚非拉地区的贫困

C.无产阶级力量的弱小　　D.资本主义的迅速发展

9.成立于1753年的英国国家博物馆是世界著名博物馆，收藏了世界各地800多万件的文物和图书珍品。藏品主要是在18—19世纪得来的，其中大量是来自希腊、埃及、印度、中国等国的珍贵文物。据此推断，英国国家博物馆藏品主要来自(　　)。

A.收集积累　　B.殖民掠夺　　C.国际交流　　D.民间捐赠

10.自近代以来，亚非拉美许多地区形成了单一经济，如印度和埃及的棉花、东南亚的橡胶和锡、南部非洲的黄金和铜、中美洲的热带水果、古巴的蔗糖等。其历史根源是(　　)。

A.新航路的开辟促进全球商品流通　　B.各地的地理环境和气候存在差异

C.亚非拉美国家注重发展民族经济　　D.欧美列强大力推行殖民主义政策

## 三、简答题

比较拉丁美洲独立运动与印度民族大起义的异同点。

## 四、材料题

1.阅读材料，并按要求回答下列问题。

**材料一**　为了使联合王国四千万居民避免残酷的内战，我们这些殖民主义政治家应当占领新的领土，来安置过剩的人口，为工厂和矿山生产的商品找到新的销售地区。

——罗得斯

**材料二**　“任何国……均应在进行新占领时，分别通知本议定书之其他缔约国，以便彼此在必要时得以提出彼等之权利主张。”

——《柏林会议关于非洲的总议定书》

(1)材料一中英国的所谓“政治家”们的主张是什么？“占领新的领土”“找到新的销售地区”究竟是指什么？

(2)材料二所述内容体现的原则是什么？这说明了什么？

2.阅读材料，并按要求回答下列问题。

**材料一** “印度失掉了他的旧世界，而没有获得一个新世界。”这是马克思在1853年以印度为例，对殖民地历史命运所作的精辟分析。

从19世纪中叶起，资本主义在全球进一步展开了扩张活动，世界文学领域出现了以批判现实主义风格为主的文学作品。英国作家狄更斯对这一时代有经典的描述：“那是最好的时代，那是最坏的时代。”

——摘编自《马克思恩格斯全集》《历史》必修三等

**材料二** 19世纪末20世纪初，一路扩张的资本主义基本完成了一体化进程，资本主义实现了人类历史上空前未有的纵向和横向发展，无论是发展速度还是规模。但在不断扩大和发展的同时，它也面临着难以解救的挑战。

世界之形成一个密不可分的整体，它的真实内容是什么呢？它的真实内容便是资本帝国主义列强对于世界其余地区、国家的统治。世界地区联系的加强，不外是西方列强对于世界其余地区、国家的政治、经济及文化的控制。资本主义势力伸向全世界，可以说是“无远弗届”。

——摘编自吴于廑、齐世荣《世界史》

(1)根据材料一并结合所学知识，简析19世纪中叶包括印度在内的殖民地在资本主义世界市场中的境遇。

(2)根据材料二并结合所学知识，指出“资本帝国主义列强”实现“无远弗届”的手段及其造成的结果。

# 第六单元

# 战争与革命的年代

## 单元史实概要

20世纪上半期是战争与革命的年代。帝国主义列强之间的激烈争夺导致了第一次世界大战的爆发。第一次世界大战后，新的国际秩序"凡尔赛—华盛顿体系"形成。意大利、德国、日本三国先后建立法西斯体制，加剧了世界的动荡不安，推动了第二次世界大战的爆发。包括中国在内的反法西斯国家携手作战，取得了第二次世界大战的胜利，构建了以"雅尔塔体系"为代表的新的国际秩序。1929年开始的世界经济大危机，严重打击了资本主义国家。俄国十月革命的胜利和苏联社会主义建设的实践，打破了资本主义一统天下的世界格局，开辟了人类探索社会主义道路的新纪元。

本单元旨在引导学生树立正确的历史观，尊重历史发展规律，顺应历史发展潮流；理解全世界人民团结战斗的重要性，培养学生维护世界和平的责任意识。

## 单元目标聚焦

◆课标要求

（1）了解第一次世界大战的爆发背景、基本进程和性质，认识第一次世界大战给人类造成的巨大灾难；了解第一次世界大战后的民族民主运动概况；知道第一次世界大战后国际格局的新变化。

（2）知道列宁领导的俄国十月革命，理解十月革命的世界历史意义；知道20世纪二三十年代苏联社会主义建设的成就和问题。

（3）知道1929—1933年资本主义世界经济危机；了解罗斯福新政及其影响；知道德国、意大利、日本法西斯政权的建立及其对外侵略的行径。

（4）了解第二次世界大战的爆发背景、基本进程和性质；了解世界反法西斯战争的艰巨性，理解反法西斯战争胜利的伟大意义及其对国际格局的影响。

◆重点与难点

**学习重点：**

（1）第一次世界大战的概况；

（2）俄国十月革命的世界历史意义；

（3）罗斯福新政及其影响；

（4）第二次世界大战的概况。

**学习难点：**

（1）第一次世界大战的历史影响；

（2）苏联社会主义建设的成就和问题；

（3）德国、意大利、日本法西斯政权的建立及其对外侵略的行径；

（4）反法西斯战争胜利的伟大意义及其对国际格局的影响。

# 第14课 第一次世界大战

## 知识梳理

**第一次世界大战**

19世纪末20世纪初，欧洲强国分别以德、英两国为核心，逐渐形成两大军事集团：德国、奥匈帝国、意大利结成三国同盟，法国、俄国、英国缔结三国协约。

20世纪初，两大军事集团发生一系列局部冲突。

1914年6月28日，萨拉热窝事件。

1914年8月至年底，德军在西线侵占比利时，进逼巴黎。在东线，德军大败俄军。

1915—1916年，在西线，英法联军与德军在凡尔登、索姆河展开激烈争夺。

1917年，美国正式向德国宣战，极大地增强了协约国的力量。

1918年11月11日，德国被迫在停战协议上签字，第一次世界大战以同盟国的失败而结束。

1919年6月底，巴黎和会上与会国签订了《凡尔赛条约》。

1921年11月，华盛顿会议通过了《四国条约》和《五国海军协定》，围绕中国问题签订了《九国公约》。

## 史实意义

在政治上，萨拉热窝的枪声让欧洲两大军事集团全面卷入了战争，拉开了第一次世界大战的序幕；第一次世界大战是列强重新瓜分世界、争夺世界霸权的帝国主义战争；第一次世界大战后形成的凡尔赛—华盛顿体系，体现了主要战胜国的意志；第一次世界大战削弱了帝国主义国家的力量，客观上促进了殖民地、半殖民地国家的民族觉醒。在经济上，第一次世界大战给各国经济都带来了不同程度的损失。

## 巩固练习

### 一、填空题

1.19世纪末20世纪初，欧洲强国分别以______、______两国为核心，逐渐形成两大军事集团。

2.__________的枪声很快让欧洲两大军事集团全面卷入了战争，拉开了第一次世界大战的序幕。

3.1918年11月11日，__________被迫在停战协议上签字，第一次世界大战以同盟国的失败结束。

4.第一次世界大战是列强____________、____________的帝国主义战争。

5.1919 年 6 月底,巴黎和会与会国在凡尔赛宫签订对德和约,即《____________》。

## 二、选择题

1.萨拉热窝事件是第一次世界大战的导火线,它发生在(　　)。

A.阿尔萨斯—洛林　B.阿尔卑斯山　C.巴尔干半岛　D.索姆河

2.第一次世界大战爆发的根本原因是(　　)。

A.资本主义国家政治经济发展的不平衡

B.帝国主义国家为重新瓜分世界和争夺世界霸权

C.萨拉热窝事件

D.三国同盟与三国协约两大军事集团的形成

3.20 世纪初,为了重新瓜分殖民地,争夺世界霸权,欧洲形成的两大敌对的军事集团是(　　)。

A.同盟国和协约国　B.轴心国和同盟国

C.协约国和轴心国　D.北约组织和华约组织

4.1914 年,英法军队与德国军队在西线的战斗中,打败德军,宣告德国“速决战”(速战速决战略)破产的重大战役是(　　)。

A.凡尔登战役　B.索姆河战役　C.日德兰海战　D.马恩河战役

5.第一次世界大战结束后,战胜国召开了巴黎和会与华盛顿会议,缔结了一系列国际条约,在全球范围内建立的帝国主义国际新秩序是(　　)。

A.维也纳体系　B.凡尔赛—华盛顿体系

C.布雷顿森林体系　D.雅尔塔体系

6.与第一次世界大战后形成的国际秩序有关的会议是(　　)。

A.巴黎和会　B.雅尔塔会议　C.波茨坦会议　D.开罗会议

7.《凡尔赛条约》规定剥夺德国全部海外殖民地,由主要战胜国以“委任统治”形式予以瓜分。这一规定体现了(　　)。

A.民族自决原则　B.强权政治色彩　C.公平正义原则　D.自由贸易原则

8.1916 年是第一次世界大战期间敌对双方交战最为密集的一年,相继进行了凡尔登、日德兰、索姆河等战役,其中凡尔登、索姆河战役分别被称为“凡尔登绞肉机”“索姆河地狱”。从这些你死我活争夺殖民地的战役中,可以透视出第一次世界大战的性质是(　　)。

A.反封建的战争　B.帝国主义战争　C.民主权利之争　D.社会制度之争

9.第一次世界大战后,战胜国先后召开了巴黎和会与华盛顿会议,这两次会议的共同之处是(　　)。

A.都是为制裁德国　B.消除了欧美列强的矛盾

C.由少数大国操纵　D.都维护中国的国家主权

10.第一次世界大战后,在印度民族独立运动中领导非暴力不合作运动的人物是(　　)。

A.章西女王　B.玻利瓦尔　C.甘地　D.圣马丁

## 三、简答题

简述第一次世界大战爆发的原因及该战争的性质。

## 四、材料题

1.阅读材料,并按要求回答下列问题。

**材料一**

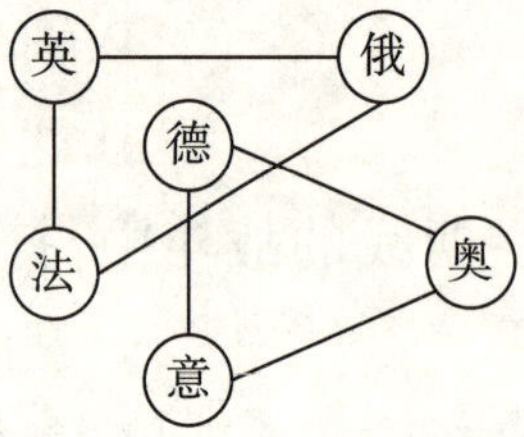


——根据网络资料整理

**材料二** 靠《凡尔赛条约》来维系的整个国际体系、国际秩序是建立在火山口上的……

——摘编自列宁《在莫斯科省的县、乡、村执行委员会主席会议上的讲话》

(1)结合所学知识,描述材料一中示意图反映的历史现象,并简述其后果。

(2)根据材料二并结合所学知识,简要说明你对凡尔赛—华盛顿体系的认识。

2.阅读材料,并按要求回答下列问题。

**材料一** 国际联盟之宗旨规定:各缔约国为促进国际合作,并保持其和平与安全起见,特允承受不从事战争之义务,维护各国间公开、公正、荣誉之邦交,严格遵守国际公法之规定。……除本盟约或本条约另有明文规定者外,凡大会或理事会开会时之决议应得出席会议之联盟会员国全体之同意。

——摘编自《国际联盟盟约》

**材料二** “九一八事变”后,国民党政府把遏制日本侵略的希望寄托于英美等列强的出面干涉……中国外交部向日本提出三次抗议,并向国际联盟提出申诉。

——摘编自张海鹏《简明中国近代史读本》

(1)根据材料一,指出国际联盟成立的背景及目的。

(2)根据材料一、二和所学知识,指出中国的申诉是否能够得到满意的结果并说明理由。

# 第15课 十月革命与苏联社会主义建设

## 知识梳理

**十月革命与苏联社会主义建设**

1917年11月7日，布尔什维克党革命武装占领冬宫，推翻了资产阶级临时政府。全俄苏维埃第二次代表大会召开，标志着苏维埃政权在俄国正式建立，世界上第一个社会主义国家诞生了。

1922年12月底，俄罗斯联邦、外高加索联邦、乌克兰和白俄罗斯四个加盟共和国组成“苏维埃社会主义共和国联盟”，简称“苏联”。

从1928年起，苏联连续实施“五年计划”，在建设项目、资金、劳动力等方面向重工业倾斜。

1936年，苏联颁布新宪法，宣布苏联是“工农社会主义国家”，这标志着苏联模式的确立。

至1937年第二个“五年计划”完成时，苏联已成为世界工业强国，工业产量居欧洲国家首位、世界第二位。

## 史实意义

在政治上，十月革命的胜利建立了人类历史上第一个无产阶级政党领导的国家，打破了资本主义一统天下的局面，实现了社会主义从理想到现实的伟大飞跃，开辟了人类探索社会主义道路的新纪元；列宁领导了十月革命，创建了世界上第一个社会主义国家，从此，资本主义与社会主义两种社会制度并存。在思想文化上，民族民主运动高涨，无产阶级革命思想得到广泛传播。

## 巩固练习

### 一、填空题

1.为了解决广大群众关心的问题，全俄苏维埃第二次代表大会通过了《和平法令》和《____________》。

2.____________的胜利是俄国与世界历史进程中的划时代事件。

3.1922年12月底，俄罗斯联邦、外高加索联邦、乌克兰和白俄罗斯四个加盟共和国组成“____________________”，简称“苏联”。

4.实行高度集中的政治经济体制，是苏联短时间实现赶超的主要手段。它在政治上表现为________________________，经济上主要体现在“________________________”和“________________________”两个方面。

5.1936 年，苏联颁布新宪法，宣布苏联是“________________”，标志着苏联模式的确立。

## 二、选择题

1.十月革命使俄国走上了社会主义道路，开辟了世界历史发展的新纪元。十月革命爆发于(　　)。

A.1848 年　　B.1871 年　　C.1917 年　　D.1949 年

2.十月革命的领导者是(　　)。

A.斯大林　　B.列宁　　C.赫鲁晓夫　　D.沙皇

3.将社会主义理论从理想变为现实，开辟人类历史新纪元的历史事件是(　　)。

A.《共产党宣言》的发表　　B.第一国际的成立

C.巴黎公社的建立　　D.十月革命的胜利

4.新经济政策的主要内容不包括(　　)。

A.推行粮食税

B.将外国资本与私人资本重新引入国内市场

C.取消自由贸易，由国家统一分配生活必需品

D.允许自由贸易

5.1937 年，苏联的工业产量居欧洲国家首位、世界第二位。此时的苏联最高领导人是(　　)。

A.斯大林　　B.列宁

C.赫鲁晓夫　　D.戈尔巴乔夫

6.斯大林执政时期，在高度集中的政治经济体制下，苏联优先发展(　　)。

A.农业　　B.商业

C.重工业　　D.轻工业

7.斯大林时期的苏联经济体制的特点是(　　)。

A.高度集中　　B.党政不分

C.比例失调　　D.阶级斗争扩大

8.多数西方人承认，没有在五年计划下的工业增长，这个国家就不可能为在第二次世界大战中打败希特勒作出那么大的贡献。这个国家是(　　)。

A.英国　　B.苏联

C.中国　　D.美国

9.1918 年，全俄苏维埃中央执行委员会宣布苏维埃共和国为统一的军营，要求在“一切为了前线，一切为了战胜敌人”的口号下，把各项工作都转入战时轨道。这意味着苏俄即将实行(　　)。

A.战时共产主义政策　　B.新经济政策

C.社会主义工业化　　D.农业集体化

## 三、简答题

简述十月革命胜利的历史意义。

## 四、材料题

阅读材料，并按要求回答下列问题。

**材料一** 我们计划（说我们计划欠周的设想也许较确切）用无产阶级国家直接下命令的办法，在一个小农国家里按共产主义原则来调整国家的产品生产和分配，现实生活说明我们错了……三四年来我们稍稍学会了实行急剧的转变……学习实行"新经济政策"。

——摘编自列宁《十月革命四周年》《列宁全集》第四十二卷

**材料二** 苏联的粮食产量长期达不到革命前最高水平……他们片面地注重重工业，忽视农业和轻工业……

——摘编自毛泽东《论十大关系》

（1）根据材料一，列举新经济政策的主要内容。

(2)结合所学知识,分析新经济政策的作用。

(3)根据材料二并结合所学知识,评价“苏联模式”。

# 第16课 经济危机与资本主义国家的应对

## 知识梳理

**经济危机与资本主义国家的应对**

1922年10月，墨索里尼在意大利上台理政，建立起第一个法西斯政权统治的国家。

1929年10月24日，美国股市崩溃，爆发经济危机。随后，经济危机蔓延至资本主义世界其他地区，形成严重的世界性经济危机。

1931年，日本侵占中国东北地区。

1933年，美国实施罗斯福新政，缓解了美国的经济危机。

1933年，希特勒在德国上台执政，建立法西斯专政和元首独裁。

1936年，日本建立法西斯统治。

## 史实意义

在政治上，意、德、日三个法西斯国家对内独裁，对外侵略，成为欧洲和亚洲的战争策源地。在经济上，1929—1933年，资本主义世界发生经济危机，沉重打击了资本主义国家。

## 巩固练习

### 一、填空题

1.__________缓解了美国的经济危机，避免了剧烈的社会动荡，其实质是通过国家大规模干预社会经济生活，在一定程度上调整了资本主义生产关系。

2.墨索里尼掌权后，通过__________等方式，排斥其他政党，建立法西斯独裁体制。

3.墨索里尼鼓吹对外扩张，在20世纪30年代中叶发动了侵略__________的战争。

4.20世纪20年代初，__________组建“民族社会主义德意志工人党”（简称“纳粹党”），是德国法西斯运动的开始。

5.__________、__________、__________三个法西斯国家对内独裁，对外侵略，成为欧洲和亚洲的战争策源地。

### 二、选择题

1.“1929年10月24日，美国纽约股市突然打了一个喷嚏，这个喷嚏迅速蔓延全球，所有资本主义国家都感冒了。”材料中“所有资本主义国家都感冒了”指的是（　　）。

A.巴黎公社成立　　　　B.第一次世界大战

C.经济危机 D.慕尼黑阴谋

2.1929 年 10 月，美国股票价格暴跌导致资本主义世界出现了规模空前的经济大危机，其爆发的根本原因是（ ）。

A.美国疯狂的股票投机活动 B.资本主义制度的基本矛盾

C.意、德、日三个法西斯国家的殖民扩张 D.美国罗斯福新政干预经济

3.1930—1931 年，纽约市儿童餐厅提供的廉价午餐数量猛增，曾在 1917—1918 年因战争而畅销的香烟产量再次剧增，许多穿着整洁西装的商贩在街头兜售苹果，也成为城市一景。这反映出，当时美国（ ）。

A.经济危机持续加深 B.社会矛盾趋于缓和

C.新政取得良好成效 D.福利制度已经确立

4.经济危机爆发后，1930 年美国通过法案，对 890 种进口商品提高关税，平均税率提升约 40%，其他国家也纷纷提高关税。这导致了（ ）。

A.新政实施受挫 B.国际合作加强

C.世界局势缓和 D.经济危机加剧

5.他无意发动一场革命，也无意为美国创造一种新的体制机构。相反，他是在设法医治一个资本主义社会的暂时疾病，通过护理使它恢复健康。材料评述的是（ ）。

A.美国南北战争 B.罗斯福新政

C."欧洲复兴计划" D.美国"新经济"

6.1933 年，为了应对经济危机，罗斯福宣布实施新政，新政采用的手段是（ ）。

A.余粮收集制 B.农业集体化

C.征收粮食税 D.国家干预

7.美国政府"1933—1937 年，拨款 120 亿美元进行公共工程建设，吸收了几百万失业大军，新建了 740 万英亩的国有林区、近 20 万英亩的国有公园……"这一系列的做法是（ ）。

A.整顿金融体系 B.推行"以工代赈"

C.加强对工业的计划指导 D.建立社会保障制度

8.1933 年，美国通过《全国工业复兴法》，规定各行业、企业制定本行业的公平经营规章……以防止出现盲目竞争引起的生产过剩。这表明美国（ ）。

A.不再实行市场经济 B.全面实行国有化政策

C.开始实行计划经济 D.推行国家干预经济政策

9.法西斯是世界上最凶狠的敌人，它们反人类、反社会。我们要牢记历史，坚决反对法西斯暴行。历史上走上法西斯道路的国家有（ ）。

A.英、法、俄 B.苏、美、英 C.意、德、日 D.英、法、荷

10.20 世纪二三十年代，意大利、德国和日本纷纷建立起法西斯政权。它们的共同特点是（ ）。

A.通过民选上台执政 B.维护民主制度，国家干预经济

C.迫害犹太人 D.对内独裁统治，对外侵略扩张

## 三、简答题

简述罗斯福新政的主要内容及意义。

## 四、材料题

阅读材料，并按要求回答下列问题。

**材料一** 美国的工业生产指数以1929年为125计算，1932年为58，1936年回升到121。1936年失业人数比1932年减少了一半。1937年，国民总收入为1 090亿美元，比1929年经济危机前多46亿美元。1933—1937年，政府拨款120亿美元进行公共工程建设，吸收了几百万失业大军，新建了740万英亩的国有林区、近20万英亩的国有公园……

——摘编自张建华《世界现代史(1900—2000)》

**材料二** 罗斯福告诉人们，现在必须由政府介入并指导创建新的社会秩序……他的结论来自对200多年自由市场经济和大萧条的重新审视，充满了创新性的思维……因此，这篇演讲也被人们誉为某种意义上的"新政宪章"，事实上这一演讲影响了此后70多年美国的经济政策。

——摘编自中央电视台《大国崛起·美国》解说词

(1)根据材料一和所学知识，归纳罗斯福新政的作用，并指出罗斯福新政中哪些重要举措与这些作用密切相关。

(2)综合上述材料，概括罗斯福新政的突出特点及你对改革创新的认识。

# 第17课 第二次世界大战

## 知识梳理

**第二次世界大战**

1931年，九一八事变爆发，日本发动侵华战争，拉开了第二次世界大战的序幕。

1936—1937年，德、意、日三个法西斯国家签订了《反共产国际协定》，形成了“柏林—罗马—东京轴心”。

1937年，日本制造七七事变，全面侵华，中国开始全民族抗战，这也成为第二次世界大战在亚洲爆发的标志。

1939年9月，德国以“闪击战”突袭波兰，随后英法被迫对德宣战，第二次世界大战全面爆发。

1941年6月，德国全面进攻苏联，但苏联取得莫斯科保卫战的胜利，粉碎了德军“不可战胜”的神话。

1941年12月7日清晨，日本偷袭美国海军基地珍珠港。第二天，美国对日宣战，第二次世界大战发展到全球阶段。

1942年1月，以美、英、苏、中为首的26个反法西斯国家签署《联合国家宣言》，世界反法西斯同盟正式形成。

从1942年下半年起，盟国开始战略反攻。苏军取得斯大林格勒战役的胜利，英军赢得阿拉曼战役，美军在中途岛海战中大败日军。这些战役粉碎了法西斯国家称霸世界的野心，成为第二次世界大战的转折点。

1943年，英美盟军进军意大利本土，意大利新政府签署无条件停战协定。

1944年6月，英美盟军登陆诺曼底，英美等国开辟了对德作战的第二战场。

1945年5月8日，苏军攻克柏林，德国投降，欧洲战争结束。

1945年8月15日，日本宣布无条件投降，9月2日，正式签署投降书，第二次世界大战结束。

1945年，联合国成立。

## 史实意义

在政治上，民族民主运动高涨，沉重打击了帝国主义和殖民主义，动摇了世界殖民体系；反法西斯战争取得胜利；第二次世界大战后，构建了以雅尔塔体系为代表的新的国际秩序；雅尔塔体系是不同社会制度国家之间进行合作的结果，以维护世界和平为主要目标；但它带有明显的强权政治色彩，损害了一些国家的利益。在经济上，第二次世界大战给各国经济都带来了不同程度的损失;社会主义经济得到一定发展。在思想文化上,全世界人民团结战斗,共同维护世界和平。

## 巩固练习

### 一、填空题

1.1931 年____________爆发,日本发动侵华战争,拉开了第二次世界大战的序幕。

2.1937 年日本制造____________,全面侵华,中国开始全民族抗战,这也成为第二次世界大战在亚洲爆发的标志。

3.1939 年 9 月,德国以“闪击战”突袭____________,随后英法被迫对德宣战,第二次世界大战全面爆发。

4.1942 年 1 月,包括中国在内的 26 个反法西斯国家在华盛顿举行会议,签署《____________》,各国承诺用全部的军事力量和经济资源进行反法西斯战争。

5.______年______月______日,日本宣布无条件投降,9 月 2 日正式签署投降书,第二次世界大战结束。

### 二、选择题

1.慕尼黑会议后,英国首相张伯伦宣称为欧洲“带来了五十年的和平”。此时,英国推行的外交政策是(　　)。

A.门户开放政策　　B.绥靖政策　　C.集体安全政策　　D.遏制政策

2.《慕尼黑协定》的签订,标志着英法两国推行的绥靖政策达到了顶峰。其影响是(　　)。

A.法西斯的侵略行为得到鼓励　　B.导致纳粹德国独裁统治的建立

C.九一八事变的爆发　　D.第二次世界大战的全面爆发

3.第二次世界大战时期的“三国轴心”指的是(　　)。

A.德国、意大利、奥匈帝国　　B.德国、俄国、英国

C.德国、英国、美国　　D.德国、意大利、日本

4.20 世纪 30 年代,法西斯国家肆意侵略扩张。最先遭受侵略并开始进行反法西斯斗争的国家是(　　)。

A.西班牙　　B.中国　　C.埃塞俄比亚　　D.波兰

5.以下是第二次世界大战相关的重要事件,按时间顺序排列正确的是(　　)。

①日本偷袭美国海军基地珍珠港　　②日本制造九一八事变

③德国以“闪击战”突袭波兰　　④美、英、苏、中等 26 国签署《联合国家宣言》

A.③②④①　　B.②③①④　　C.③①④②　　D.②①④③

6.在夏威夷群岛的珍珠港,人们可以看到亚利桑那号战列舰的残骸,“仿佛看到它在那场战争中冒烟,水手在水中挣扎,油在水面上燃烧,一片混乱”。材料中的“战争”标志着(　　)。

A.欧洲第二战场的开辟　　B.第二次世界大战发展到全球阶段

C.反法西斯联盟的建立　　D.苏德战场形势扭转

7.第二次世界大战中,为协同作战,打败法西斯,以美、英、苏、中为首的26个国家建立了世界反法西斯同盟。世界反法西斯同盟建立的标志是(　　)。

A.雅尔塔会议的召开　　B.《联合国家宣言》发表

C.德黑兰会议的召开　　D.《慕尼黑协定》的签订

8.第二次世界大战中后期,反法西斯同盟国的首脑相继在开罗、德黑兰、雅尔塔和波茨坦等地召开会议,缔结了一系列条约和协定,建立了雅尔塔体系。雅尔塔体系的建立(　　)。

A.促进了欧洲的重新崛起　　B.带有明显强权政治色彩

C.确保了第二次世界大战后世界的和平　　D.直接导致了冷战的爆发

9.1945年2月,美、苏、英三国首脑在雅尔塔召开会议。会议上讨论的波兰重建问题、外蒙古的独立问题、中国东北问题的处置都是背着当事国进行的。由此可知,雅尔塔会议(　　)。

A.损害了美、英等国家的利益　　B.体现了同情弱小国家的倾向

C.充满了美苏互不妥协的气氛　　D.打上了大国强权政治的烙印

10.第一次世界大战期间,英国失去了对外投资的四分之一,法国失去了三分之一,而德国则失去了全部对外投资。第二次世界大战后,欧洲失去了其大部分殖民地。此材料意在说明两次世界大战(　　)。

A.大大削弱了欧洲的力量　　B.给世界人民带来巨大灾难

C.使欧洲失去国际影响力　　D.促进殖民地国家民族解放

## 三、简答题

简述雅尔塔体系的主要内容。

## 四、材料题

1.阅读材料,并按要求回答下列问题。

德国、意大利、法国和英国的领导人在慕尼黑开会,就苏台德问题达成决议。他们没有与苏联协商,也没给捷克斯洛伐克留下选择余地,除让它签署会议产生的一切协定之外。最后,英国和法国选择了绥靖政策,屈服于希特勒的要求,希望他感到满足,希特勒得到了他要的捷克斯洛伐克那部分领土。回到英国,张伯伦首相宣布,《慕尼黑协定》“将捷克斯洛伐克从毁灭

中和欧洲大战中拯救了出来”。整个欧洲欢呼雀跃，庆祝他们所认为的和平得到维护的条约。几个月后，希特勒的部队在没有任何警告的情况下，侵占了捷克斯洛伐克共和国其余的领土。当希特勒接下来威胁波兰的时候，英国变得强硬起来，承诺援助波兰。他们转向苏联寻求帮助，但为时已晚。在国际事务中被孤立和排斥时间太久，以及对英法就德国侵略的软弱反应而感到幻灭，1939 年 8 月 23 日，斯大林与希特勒签署了一个互不侵犯协定，举世震惊。

——摘编自丹尼斯·谢尔曼、索尔兹伯里《全球视野下的西方文明史：从古代城邦到现代都市(第 2 版)下卷》

(1)根据材料并结合所学知识，分析《慕尼黑协定》签订的背景。

(2)根据材料并结合所学知识，归纳《慕尼黑协定》签订的影响。

2.阅读材料，并按要求回答下列问题。

**材料一** 1942 年 1 月，日军进攻缅甸，英军节节败退，英国政府正式向中国政府请求迅速派兵入缅协同英军作战。中国政府派出 10 万远征军入缅，后又不断增兵。由于中国战场和印、滇、缅战场牵制日军达 130 万之众，使日军无法调往太平洋，大大减轻了美国的压力。

——摘编自军事科学院军事历史研究部《中国抗日战争史（下卷）》

**材料二** 1943 年 11 月，同盟国（中、美、英）召开三国首脑会议，讨论中国和亚洲有关重大军事、政治等问题，包括联合对日作战和战后处置日本。

——摘编自军事科学院军事历史研究部《中国抗日战争史（下卷）》

**材料三** 1943 年 10 月，中、美、英、苏四国代表签署《四国宣言》，提出："为了维护国际和平与安全，在重建法律与秩序和创立普遍安全制度以前，它们将彼此协商，必要时将与联合国家的其他成员进行协商，以便代表一个国际共同体采取共同行动。"

——摘编自朱贵生等《第二次世界大战史》

（1）根据材料一和所学知识，说明中国远征军出国作战的直接原因。

（2）根据材料一、二，分析中国为什么能以大国身份参加三国首脑会议。

(3)根据材料三,分析《四国宣言》的主要目的及其基本宗旨在战后是如何落实的。

(4)根据材料一、二、三并结合所学知识,谈谈你对正确解决当今国际社会所面临重大问题的认识。

# 第七单元

# 第二次世界大战后世界的新变化

## 单元史实概要

第二次世界大战后，以美苏为首的两大阵营之间的冷战持续了近半个世纪，深刻影响了世界历史的进程。资本主义国家普遍注重对经济的宏观调控和实行社会福利制度。社会主义从一国扩展至多国，在世界上的影响空前扩大，特别是中国特色社会主义道路的开创，为世界社会主义运动提供了重要经验。西方殖民体系全面崩溃，包括新兴独立国家在内的亚非拉发展中国家，成为推动世界多极化的重要力量。

本单元旨在培养学生的全球视野和家国情怀；引导学生树立坚定的马克思主义信仰和共产主义理想；要求学生具有坚持一切从实际出发，理论联系实际，实事求是的品格。

## 单元目标聚焦

◆课标要求

（1）了解冷战的形成及其影响。

（2）认识战后资本主义的发展变化及原因。

（3）知道殖民体系的瓦解和新兴独立国家走上现代化道路的过程。

（4）了解社会主义国家的建设成就与改革，知道苏东剧变与冷战的结束。

◆重点与难点

**学习重点：**

（1）冷战的表现；

（2）资本主义国家的新变化；

（3）社会主义国家的建设成就与改革；

（4）殖民体系的瓦解。

**学习难点：**

（1）冷战的影响；

（2）资本主义国家的新变化；

（3）苏联解体、东欧剧变与冷战的结束；

（4）殖民体系瓦解的历史影响。

# 第18课 美苏冷战

## 知识梳理

**美苏冷战**

1947年3月，美国总统杜鲁门在国会发表的演说标志着杜鲁门主义的出台和美国对苏冷战的开始；华约成立后，北约和华约全面对峙，两极格局形成。

1948年，第一次柏林危机，是美苏冷战中的第一次严重对峙，加速了德国的分裂。

1949年，德意志联邦共和国（简称“联邦德国”）、德意志民主共和国（简称“民主德国”）相继成立。分裂的德国成为美苏在欧洲冷战的前沿。

1962年，美苏之间爆发古巴导弹危机，冷战达到高潮；在美苏冷战的同时，世界多极化趋势开始出现并不断发展。

1989年起，东欧政局持续动荡，各国的社会制度急剧变化。

1991年，苏联解体，两极格局终结，冷战结束。

## 史实意义

美国总统杜鲁门在国会发表的演说，标志着杜鲁门主义的出台和美国对苏冷战的开始。美国联合英、法等国成立北约以遏制苏联，苏联与东欧国家相继成立经互会和华约以还击美国，两极格局由此形成。东欧剧变，经互会、华约相继解散，苏联解体，两极格局终结，冷战结束。

## 巩固练习

### 一、填空题

1.分裂的____________成为美苏在欧洲冷战的前沿。

2.美国通过“____________”援助西欧，并联合英、法等国成立北大西洋公约组织（简称“北约”），还在拉美、东亚等地缔结一系列军事协定。

3.____________导弹危机让全世界都面临着被毁灭的危险，冷战达到了高潮。

4.自20世纪50年代起，____________登上国际政治舞台。

5.1991年，经互会、华约相继解散，____________解体。两极格局终结，冷战结束。

### 二、选择题

1.第二次世界大战后，美国在“反对共产主义扩张”的旗号下，对苏联实行遏制政策和敌对行动，率先挑起了冷战。美国发起冷战的标志是（　　）。

A.第一次柏林危机　B.杜鲁门主义的出台
C.“马歇尔计划”的实施　D.成立华沙条约组织

2.第二次世界大战后，世界格局主要是美苏两极格局。两极格局正式形成和瓦解的标志分别是(　　)。

A.德国分裂和东欧剧变　B.杜鲁门主义的出台和苏联解体
C.北约、华约的对峙和东欧剧变　D.北约、华约的成立和苏联解体

3.第二次世界大战后，美国为巩固西欧资本主义制度实施了“马歇尔计划”，苏联与之针锋相对，联合东欧各国成立(　　)。

A.经济互助委员会　B.华沙条约组织
C.北大西洋公约组织　D.共产党和工人党情报局

4.军事组织在世界格局的演变中扮演了重要的角色。冷战开始后，美国主导建立的军事组织是(　　)。

A.欧洲共同体　B.经济互助委员会
C.华沙条约组织　D.北大西洋公约组织

5.“马歇尔计划”表面上看是一个经济援助计划，最终目的则是(　　)。

A.争夺欧洲　B.构建北约　C.统一欧洲　D.遏制法西斯

6.1961 年，赫鲁晓夫在给肯尼迪的信中这样写道：“最高苏维埃主席团一致同意，这场危机不应该朝着一个‘沸点’发展，我们双方应当采取谨慎且节制的态度，寻求一个理智的解决方案。”信中反映的事件是(　　)。

A.第一次柏林危机　B.朝鲜战争　C.越南战争　D.古巴导弹危机

7.冷战成为第二次世界大战后国际关系的最显著特征。下列各项中，属于美苏冷战具体表现的是(　　)。

①杜鲁门主义的出台　②“马歇尔计划”的实施
③北大西洋公约组织的建立　④不结盟运动的兴起

A.①②③　B.①②④　C.①③④　D.②③④

8.第二次世界大战后，北大西洋公约组织和华沙条约组织的对峙，标志着(　　)。

A.两极对峙格局的形成　B.区域化趋势的扩大
C.单极世界格局的出现　D.多极化趋势的增强

9.1947 年，美国副国务卿马歇尔建议政府在未来三年内提供大规模经济援助，以满足欧洲的紧急需求。他认为：“如果欧洲经济还像今天这样，继续分裂成若干小的防水碎片的话，欧洲就不可能从这场战争中恢复过来。”这一主张目的是(　　)。

A.强调欧洲集体自救　B.推动欧洲共同体的成立
C.利用欧洲对抗苏联　D.建立欧美经济联盟

10.第二次世界大战后，美苏关系由同盟走向对抗，根源是(　　)。

A.消灭法西斯的目标已经完成　B.国家战略的对立和社会制度的差异
C.互相扩充自己的势力范围　D.双方实力对比发生重大变化

## 三、简答题

简述美苏冷战在政治、经济、军事上的表现。

## 四、材料题

阅读材料,并按要求回答下列问题。

**材料一** 第二次世界大战后,美国采取攻势,导致了冷战。美国之所以采取进攻……从政治上来说,美国政府的主要决策人极端仇视共产主义和苏联。从经济角度而言,美国资本家及其在政府中的代言人谋求世界对美国商业利益的开放。美国需要扩大海外市场以避免美国的经济陷入停滞和难以接受的失业局面。

——摘编自刘金质《冷战史(下)》

**材料二** 有学者指出:“(美苏)两极格局具有相对的稳定性,但是它又因为国际力量的对比不断变化而受到撼动,并且已受到逐步扩大起来的其他力量中心的挑战。”

——根据网络资料整理

**材料三** 冷战的教训是极为深刻的。不要企图将本国的制度强加于人,也不要输出革命。应尊重别国人民的选择,尊重历史发展的规律。不能以任何理由、任何借口,搞任何形式的扩张主义,任何国家都不应该凭自身的经济军事优势搞霸权主义。

——摘编自白建才《试论冷战的后果与教训》

(1)根据材料一,概括指出美国挑起冷战的原因。

(2)结合所学知识,指出20世纪40年代美国推行冷战政策的表现。

(3)根据材料二和所学知识,指出20世纪六七十年代对两极格局构成挑战的力量中心有哪些。

(4)根据材料三,分析冷战带来的深刻教训。

# 第19课 资本主义国家的新变化

## 知识梳理

**资本主义国家的新变化**

1947年，法国实施“莫内计划”，经过几年的努力，计划的目标基本实现。

1948年，英国宣布建成世界上第一个“福利国家”。

1960年，日本政府推出《国民收入倍增计划》。

1968年，日本的经济实力已跃居资本主义世界第二位。

20世纪50—70年代，中间阶层大学生的比例从36%上升至56%。

20世纪80年代，中间阶层的发展趋于稳定，在各发达国家中的人口比例保持在25%～30%。

## 史实意义

在政治上，资本主义国家建成“福利国家”，资本主义国家的社会阶层发生变化。在经济上，资本主义世界确立了市场调节与国家调控相结合的机制。在思想文化上，资本主义国家的妇女地位得到提高；美国黑人掀起民权运动。

## 巩固练习

### 一、填空题

1.“____________”是罗斯福“新政”的延续，体现了国家干预的加强。

2.第二次世界大战后，资本主义世界在经济上确立了____________与____________相结合的机制。

3.1948年，____________宣布建成世界上第一个“福利国家”。

4.20世纪70年代，主要资本主义国家发生“滞胀”现象时，____________就成为各国改革的重要内容。

5.____________的提高是社会阶层变化的又一体现。

### 二、选择题

1.第二次世界大战后初期，主要资本主义国家经济调整中普遍奉行的政策是(　　)。

A.加强国家对经济的干预　　B.建立计划经济体制

C.推行贸易保护主义　　D.实行自由放任政策

2.20世纪50—70年代，大多数发达市场经济国家持续的高增长率使经济定期波动的特点大为改观。西欧在1952年和1958年出现两次衰退，但每次衰退的程度都很轻，衰退后都继之以更高的增长率。这主要得益于（　　）。

A.自由放任政策的推行　　B.“福利国家”的规模缩小

C.国家对经济的宏观调控　　D.“新经济”增长模式出现

3.第二次世界大战后，资本主义国家出现了一系列新的变化，具体表现在（　　）。

①加强了对经济的宏观调控　　②建立“福利国家”制度

③“中间阶层”的人数减少　　④科学技术的新发展

A.①②③　　B.①②④　　C.①③④　　D.②③④

4.第二次世界大战结束以来，西方国家普遍实施“福利国家”制度，其根本目的是（　　）。

A.减轻广大民众的纳税负担　　B.保障弱势群体的基本生活

C.缓和矛盾以稳定社会秩序　　D.提高社会整体的消费水平

5.20世纪70年代，主要资本主义国家经济发展出现了不同程度的（　　）。

A.经济繁荣现象　　B.“滞胀”现象

C.虚假繁荣　　D.知识经济

6.1963年，马丁·路德·金在和平集会中发表演讲《我有一个梦想》，希望有一天美国人都能在平等与友爱中生活。此和平集会主要针对的社会问题是（　　）。

A.越南战争　　B.贫富分化

C.种族歧视　　D.妇女权益

7.1960年，18岁到45岁的美国妇女中有四分之一是单身，而到了2000年却有一半以上。在第一次婚姻中，最终离婚的占到一半以上。在美国，有三分之一的母亲是未婚妈妈，而在40年前未婚妈妈占比大约是8%。材料说明美国当时（　　）。

A.妇女的家庭地位越来越高　　B.经济危机导致家庭关系紧张

C.女性赢得前所未有的政治地位　　D.妇女解放运动带来了变化

8.英国人称“从摇篮到坟墓都可得到保护”是指（　　）。

A.经济发达，高枕无忧　　B.完善的社会福利制度

C.军队强大，无惧外敌　　D.大规模国有化政策

9.从1965年至1981年，英国用在社会福利方面的政府支出，占全年总支出的比例从16%上升到25%；而在瑞典，该比例从19%上升到33%。这种变化有利于（　　）。

A.推行自由放任政策　　B.促进科技发展

C.减轻国家财政负担　　D.缓和社会矛盾

10.第二次世界大战后，受民主社会主义思潮影响的西欧各国纷纷行动起来，打造社会保障、社会救济和社会工作的“三驾马车”。这表明当时，西欧各国致力于（　　）。

A.调整产业结构　　B.发展社会主义

C.建立“福利国家”　　D.实施计划经济

### 三、简答题

简述“福利国家”的制度及其推行。

### 四、材料题

阅读材料，并按要求回答下列问题。

**材料一** 1929 年至 1933 年，经济危机几乎“把资本主义带到一个万劫不复的危险境地”。然而，出乎意料的是，社会崩溃却并未发生。有学者认为“主因在各国鉴于惨痛教训，大萧条之后纷纷设立了社会福利制度”。此外，在第二次世界大战中，战事的发展促使西方国家需要进一步激励士气和增强社会团结，这也推动了西方社会福利制度的确立。1941 年，经济学家贝弗里奇受英国政府委托，负责对现行的国家社会保障方案及相关服务进行调查，并就第二次世界大战后重建社会保障计划进行构思设计。1948 年，英国首相艾德礼宣布英国第一个建成了福利国家，贝弗里奇也因此获得了“福利国家之父”的称号。

——摘编自杨敏、郑杭生《西方社会福利制度的演变与启示》

**材料二** 第二次世界大战之后，福利制度在西方国家普遍建立，在满足国民基本生活需要，降低贫困人口的比重，缓和社会阶级矛盾，促进社会稳定和发展等方面发挥着重大积极作用，但这并非表明，现行西方国家社会福利制度十全十美。据有关方面统计，英国的社会福利开支在 20 世纪 60 年代为 81 亿英镑左右，占国民生产总值的 6.5%，到 1980 年上升为 221.5 亿英镑，占国民生产总值的 11.1%，年均增长 5.2%，而同期国民生产总值的年均增长率只有 2.3%。虽说西方国家公共开支比重大，但社会福利没有发挥应有的作用，如英国是福利国家的典范，但目前英国生活在官方公布的贫困线以下和略高于贫困线的“贫困人口”接近 1 700 万，约占总人口的 30%，在欧盟组织的其他国家，贫困问题也是一个严重的社会问题。高福利损害了人们的就业动力，西方国家的一些失业者不再积极寻求就业岗位，而是等待着国家的救济，在 20 世纪八九十年代欧洲的经济萧条过程中，这些因素很快变为导致高失业率的重要因素。

——摘编自周良才《对西方国家社会福利制度的几点认识》

(1)根据材料一并结合所学知识,分析西方国家福利制度建立的原因。

(2)根据材料二并结合所学知识,概括西方国家社会福利制度存在的问题。

# 第20课 社会主义国家的发展与变革

## 知识梳理

**社会主义国家的发展与变革**

1946年，捷克斯洛伐克组建新政府。

1948年2月，捷克斯洛伐克政府爆发危机，苏、美出面干涉。

1949年，中华人民共和国成立，开辟了中国历史的新纪元，也极大地改变了世界政治格局。

1949年8月，苏联第一颗原子弹爆炸成功，打破了美国的核垄断。

1950年2月，中国和苏联签订《中苏友好同盟互助条约》，标志着新中国正式加入社会主义阵营。

1956—1960年，波兰实施第一个五年计划，经济发展迅速。

1968—1973年，匈牙利国民收入年增长率为6%。

1978年年底，中国开始实行改革开放政策。

1985年，戈尔巴乔夫出任苏共中央总书记。

1988年，民主德国人均国民收入达到8 500美元。

20世纪七八十年代，部分东欧国家陷入困境。

从1990年开始，苏联的加盟共和国纷纷宣布独立。

1991年12月26日，苏联解体。

2012年11月，中国特色社会主义进入新时代。

2020年，中国全面建成小康社会。

## 史实意义

在政治上，苏联和东欧各国的共产党尤其是领导人错误的政策，最终使社会主义遭受巨大挫折；西方国家长期推行“和平演变”战略；中华人民共和国成立后，开展大规模的社会主义建设，开创了中国特色社会主义道路。在经济上，苏联和东欧各国在发展过程中都面临着国民经济比例失调的问题；1978年后，中国逐步建立社会主义市场经济体制，国内生产总值于2010年跃居世界第二位。

## 巩固练习

### 一、填空题

1.随着美苏冷战的兴起，东欧各国纷纷建立__________制度。

2.1949 年 8 月，__________第一颗原子弹爆炸成功，打破了美国的核垄断。

3.______年______月______日，苏联解体。

4.1949 年__________的成立，开辟了中国历史的新纪元，也极大地改变了世界政治格局。

5.2012 年 11 月，中国共产党第__________次全国代表大会召开，标志着中国特色社会主义进入新时代。

### 二、选择题

1.第二次世界大战胜利前后，东欧各国人民经过艰苦斗争，在苏联的帮助下建立了一系列人民民主的国家。这表明国际社会主义运动(　　)。

A.由空想到科学　　B.由理论到实践

C.由理论到现实　　D.由一国到多国

2.1949—1953 年，波兰生产资料的生产翻了一番多，而谷物产量仅增加了 5%。匈牙利在 1950—1954 年，把投资总额的 90%用于发展重工业。这表明(　　)。

A.第二次世界大战严重削弱了东欧国家　　B.东欧经济深受苏联模式影响

C.世界各国掀起改革的浪潮　　D.欧洲国家经济发展基础薄弱

3.“赫鲁晓夫迈着笨拙的步子急急忙忙地去追赶美国，结果以出丑告终。”赫鲁晓夫改革没有取得实质性突破，“以出丑告终”的根本原因是(　　)。

A.个人崇拜风气依然盛行　　B.美苏“冷战”对峙使苏联陷入困境

C.改革重点放在重工业上　　D.没有从根本上打破斯大林模式

4.《大国崛起》解说词中讲道：1991 年，克里姆林宫的红旗悄然落下，红色的年轮在大国兴起的舞台上刻写了 74 圈。导致“红旗悄然落下”的原因是(　　)。

A.苏联解体　　B.东欧剧变　　C.赫鲁晓夫改革　　D.美苏争霸

5.他领导的经济和政治改革，引发了社会的动荡和分裂，直接导致了世界上第一个社会主义国家的解体，他是(　　)。

A.赫鲁晓夫　　B.勃列日涅夫　　C.戈尔巴乔夫　　D.叶利钦

6.苏联解体和东欧剧变，说明(　　)。

A.更改了国名　　B.社会主义制度遭遇挫折

C.更换了领导人　　D.社会主义制度遭遇失败

7.1991 年 12 月 26 日，苏联解体，在社会主义经济建设方面给我们留下的重要启示是(　　)。

A.建立健全计划经济体制　　B.依据本国国情制定经济政策

C.以自由主义思想为指导　　D.优先发展重工业和国防工业

8.1966 年，苏联提出“到 1970 年年底之前，应保证基本上实现集体农庄庄员和国营农场职工的家庭电气化”。到20世纪70年代末,农村用电已经普及,照明也告别了古老的、传统的油灯和松明子。这说明苏联(　　)。

A.农民生活条件改善　　B.农轻重工业获得均衡发展

C.坚持人民至上理念　　D.重工业优先政策发生改变

9.实现中华民族伟大复兴,凝聚了几代中国人的夙愿,要实现“中国梦”,必须走“中国道路”。“中国道路”是指(　　)。

A.改革开放道路　　B.中华民族伟大复兴道路

C.“一个中心,两个基本点”的基本路线　　D.中国特色社会主义道路

10.“我们唱着东方红,当家作主站起来;我们讲着春天的故事,改革开放富起来……”开启改革开放这一伟大征程的是(　　)。

A.中共八大　　B.中共十一届三中全会

C.中共十二大　　D.中共十四大

## 三、简答题

简述赫鲁晓夫改革的主要措施及其影响。

## 四、材料题

1.阅读材料,并按要求回答下列问题。

**材料一**　首先,力量对比的变化是赫鲁晓夫和平共处理论的前提条件,……第二次世界大战后,东欧和中国社会主义政权的相继建立,使社会主义形成世界范围的体系,达到了世界领土的26%和人口的35%。第三世界爱好和平的中立和不结盟国家的成长壮大,使社会主义阵营在反对新战争和维护世界和平方面有了可靠的同盟军,国际舞台上开始出现由欧亚两洲爱好和平的社会主义国家和非社会主义国家组成的广大“和平地区”。

其次,苏联经济和军事力量的增强是赫鲁晓夫和平共处理论的客观依据。苏联的第五个五年计划提前8个月完成……农业前景同样使人感到乐观……苏联军事力量也有明显增长,在核武装及其运载工具上的进展使苏联“掌握了抵制战争力量的东西”。

最后,武器的破坏力使核时代的和平共处有了更为迫切的必要性,它使人们重新思考把战争作为推行国家政策工具的可行性。在这种情况下,强调防止战争及和平共处具有明显的人道主义性质。和平共处对人类命运和各国人民生命财产的关注使之有可能赢得广泛的支持。

——摘编自梁智华《论赫鲁晓夫和平共处的理论与实践》

**材料二** 苏联剧变的根本性原因是斯大林—苏联模式的社会主义制度，以及体现这一模式的体制问题，也就是说，斯大林—苏联模式的社会主义制度由于弊病太多，已经走不下去了，走入了死胡同，失去了动力机制。

历史唯物主义的一个基本观点是，社会变迁的原因应该从社会经济与政治制度中去寻找。苏联剧变的根本原因，亦应从制度中去寻找，而不能简单地归咎于某些领袖人物。

斯大林—苏联模式的社会主义是在20世纪二三十年代特定历史条件下逐步形成的，后来不断得到巩固与发展，第二次世界大战后还推行到东欧各国。在1933年完成了生产资料所有制的改造后，苏联在相当长的历史时期里利用高度集权的政治经济体制保证了经济的高速发展，在其第三个五年计划结束时，由一个落后的农业国基本上成为一个强大的工业国。但随着历史的发展，这种高度集权的体制模式的弊端也在发展，矛盾越来越突出，越来越阻碍社会经济的发展，离科学社会主义越来越远。

——摘编自陆南泉《苏联剧变的根本原因和中国应吸取的教训》

(1)根据材料一并结合所学知识，简述赫鲁晓夫和平共处理论形成的原因。

(2)综合上述材料并结合所学知识，阐述苏联模式的两面性。

2.阅读材料,并按要求回答下列问题。

**材料一** 十一届三中全会后,中国经济体制改革开始起步。在农村,采取切实措施保障农村社队生产经营和分配的自主权,实行并逐步完善多种形式的联产计酬责任制,鼓励因地制宜发展多种经营,大幅度提高农副产品的收购价格。1983 年年底,全国有 98% 以上的农户实行了各种形式的联产承包制。

城市初期的改革主要包括扩大企业自主权,实行经济责任制和利润留成,发展多种经济形式等。1984 年后,城市改革全面展开,企业经营机制成为改革的方向;缩小指令性计划,扩大市场调节范围;初步建立以税收、利率为杠杆调节市场的机制等。

经过 20 世纪 80 年代的发展和改革开放,我国城市及沿海发达地区农村居民家庭,已由温饱走向小康,整个社会经济生活更具活力。

——摘编自武力《中华人民共和国经济史》

**材料二** 实行改革政策以来,中国先后经历了启动、探索、框架初步建立、完善和全面深化等阶段;中国始终坚持党的基本路线和党的领导不动摇,坚持实事求是、解放思想、与时俱进的思想路线,坚持市场化的改革方向不动摇,落实改革的措施既要先行先试,又要统筹兼顾,始终坚持以人民为中心。

——摘编自孙小清《改革开放与革新开放——论中越两国在社会主义建设中的异同》

**材料三** 勃列日涅夫执政期间(1964—1982 年),实施新经济体制改革。主要内容包括:恢复集中领导的部门管理制,并兼顾地区管理的原则;在坚持集中计划的前提下,扩大企业的某些自主权;利用价格、信贷、奖金等经济杠杆刺激企业改善管理;改进农产品收购制度,提高收购价格;支持发展个人副业等。这些改革曾短期内出现一定的成效,但对利用价值规律、发挥市场机制的作用,基本上仍持排斥态度,同时又加紧同美国进行军备竞赛,进入 20 世纪 80 年代,经济继续滑坡。

1985 年,戈尔巴乔夫执政后,苏联提出了“加速国家社会经济发展的战略方针”,要求在 15 年内使国民收入和工业总产值翻一番。从法律上打破了单一的公有制,规定企业实行自负盈亏、自主经营等。但是,“加速战略”仓促上马,阻力较大,对企业改革的宏观决策缺乏具体可行的配套措施,以致各项改革效果不佳。

——摘编自吴于廑、齐世荣《世界史:现代史编(下卷)》

(1)根据材料一、二并结合所学知识,概述20世纪七八十年代中国经济体制改革的意义。

(2)根据材料一、二、三,概括20世纪七八十年代中苏经济改革的相似点,并结合所学知识简析苏联经济改革效果不佳的原因。

# 第21课 殖民体系的瓦解与新兴独立国家的发展

## 知识梳理

**殖民体系的瓦解与新兴独立国家的发展**

20世纪50年代，印度共和国和巴基斯坦共和国先后成立。

1960年，非洲有17个国家独立，这一年被称为“非洲年”。

1945—1990年，全世界有90多个国家摆脱了殖民统治或依附国的地位，殖民体系崩溃。

1955年，亚非会议在印度尼西亚的万隆召开，会议在中国代表提出的和平共处五项原则的基础上，提出了各国和平友好相处的十项原则。

1960年，科特迪瓦独立后，政局稳定，政府制定了优先发展农业、推动国民经济高速增长的发展战略。

1961年，第一次不结盟国家与政府首脑会议在南斯拉夫的贝尔格莱德召开，出席会议的有25个国家。

1968年，科威特、利比亚、沙特阿拉伯创建阿拉伯石油输出国组织。

1973年10月，石油危机被触发。

1960—1975年，非洲国家工农业总产值增长了大约一倍。

## 史实意义

在政治上，1945—1990年，全世界有90多个国家摆脱了殖民统治或依附国的地位，殖民体系崩溃；殖民体系崩溃后，新兴独立国家和其他发展中国家反对美苏冷战，不愿卷入大国之间的军事冲突，奉行独立自主、和平中立和不结盟的外交政策，逐渐成为美苏两极格局以外一支重要的政治力量；亚非会议加强了亚非国家之间的友好往来，推动了世界范围内的民族解放运动，也为国际政治经济秩序的变革提供了思想基础。在经济上，发展中国家努力探索适合本国国情的经济发展道路，经济建设取得显著成效。在思想文化上，众多殖民地的人们民族意识增长，开始追求独立、自主与和平。

## 巩固练习

### 一、填空题

1.____________________是殖民体系崩溃的主要原因。

2.1955年，亚非会议在中国代表提出的________________基础上，提出了各国和平友好相处的十项原则，通过了____________、____________、____________等决议。

3.____________被称为“加纳国父”，不结盟运动的创始人之一。

4.20 世纪六七十年代，科特迪瓦成为撒哈拉以南非洲经济发展较快的国家之一，被称为“____________”。

5.发达国家的____________是发展中国家发展困难的重要外因。

## 二、选择题

1.非洲有 17 个国家独立的那年是（　　）。

A.1956 年　　B.1960 年　　C.1975 年　　D.1990 年

2.20 世纪 50 年代中期，非洲本土史学家要求清除史学研究领域的殖民主义影响，建立民族主义历史学派。这反映出（　　）。

A.非洲文明历史悠久　　B.民主思想传入非洲

C.非洲民族意识增强　　D.冷战格局影响非洲

3.《亚非会议最后公报》吸收中国代表团的建议，形成了和平共处、友好合作的十项原则。公报中这次“亚非会议”的举办城市是（　　）。

A.日内瓦　　B.万隆　　C.慕尼黑　　D.开罗

4.“根除殖民主义，防止出现新殖民主义”“强调和平共处是代替冷战和避免核灾难的唯一办法，呼吁美苏谈判、缓和国际局势”“强调发展经济并进行经贸合作”。提出这些主张的是（　　）。

A.不结盟运动　　B.联合国　　C.关贸总协定　　D.欧洲联盟

5.下列对不结盟运动的表述，不正确的是（　　）。

A.由南斯拉夫等国发起

B.由英国等国发起

C.它的兴起对当时世界格局产生了重大的影响

D.它反映了新兴独立国家积极维护国家主权的立场

6.独立后的发展中国家面临的发展问题多种多样。其中，属于自身问题的是（　　）。

A.资源过于贫乏　　B.人口过快增长

C.国际经济旧秩序　　D.冷战格局下的动荡

7.第二次世界大战后，一批亚非拉新兴国家走上了“非资本主义发展道路”，有些国家因为实行亲苏政策而疏远了西方，但同时却成为苏联的附庸，更多的国家则始终没有摆脱对西方发达资本主义国家的经济依附。由此可知，亚非拉新兴国家（　　）。

A.成为国际舞台上重要的政治力量　　B.发展路径取决于国际局势的变化

C.在发展道路的选择上面临新困境　　D.力图建立平等互利的国际经济新秩序

8.据统计，20 世纪 70 年代初，西方发达国家仅从投资、债务和贸易三个方面对发展中国家的年剥削量就在 240 亿美元左右。到 20 世纪 80 年代后期，每年榨取的利润为 2 500 亿至 3 000亿美元。这说明发展中国家面临的一个挑战是（　　）。

A.自然资源的匮乏　　B.人口压力和社会两极分化严重

C.劳动力严重不足　　D.存在不平等的国际经济旧秩序

9.非洲民族解放运动的先驱,几内亚首任总统塞古·杜尔在1958年发表声明:几内亚宁愿要贫穷中的自由,也不要卑屈中的富裕。这表明(　　)。

A.摆脱殖民统治后非洲国家更加动荡

B.和平与发展已经成为当时世界主题

C.发展中国家的贫富差距进一步扩大

D.第二次世界大战后民族主义思想在非洲得到传播

10.一些发达国家认为,发展中国家爆炸式的人口增长、对自然资源的盲目开采和短视的经济政策是造成当今环境恶化的主要原因,提出环境问题"共同责任论",要求发展中国家承担与发达国家相同的环境责任。该主张意在(　　)。

A.公平公正地解决全球的环境问题　　B.合理利用资源和建立世界新秩序

C.推卸发达国家应承担的历史责任　　D.承认发展中国家的重要国际地位

## 三、简答题

简述第二次世界大战后世界殖民体系崩溃的原因。

## 四、材料题

阅读材料,并按要求回答下列问题。

**材料一**　20世纪60年代,非洲的国内生产总值年平均增长率为4.7%;1960—1975年,非洲工农业生产总值大约增长了一倍。部分石油生产国的经济发展变化较为显著,尼日利亚政府用石油收入兴建了炼油、钢铁等工业设施,以及港口、高速公路等基础设施,国家面貌发生了很大变化。虽然科特迪瓦没有有利的资源条件,只能生产传统的经济作物,如咖啡、油棕等,但由于政策正确,措施得当,国民经济年平均增长速度达到了12%,科特迪瓦也因此一度被誉为"西非经济的橱窗"。

——摘编自吴于廑、齐世荣《世界史:现代史编(下卷)》

**材料二**　20世纪80年代,非洲经济转入停滞和低潮时期,这一时期被称为"失去发展的10年",非洲国内生产总值年平均增长率下降到1.4%。20世纪80年代,非洲饥饿人口数量达1.5亿,每年约有500万名儿童饿死。据世界银行统计,1970年非洲外债总额为132亿美元,1980年增至1 269亿美元,1990年又增至2 720亿美元,相当于非洲国家国民生产总值的90%。

——摘编自吴于廑、齐世荣《世界史:现代史编(下卷)》

**材料三** 进入20世纪60年代后，拉美大多数国家开始出现生产停滞、通货膨胀等现象，在社会经济、政治等各种矛盾的激化下，军人政府相继上台，但是工业化、现代化中出现的各种问题和矛盾并没有从根本上得到解决。例如，长期忽略农村的土地改革，造成农业生产严重滞后于工业发展；分配不均导致贫富分化进一步扩大，国内市场发育畸形。进入20世纪70年代后，“进口替代工业化”政策又遇到难以克服的困难，拉美各国债务严重失控，最终导致经济危机爆发。20世纪80年代以来，国际市场初级产品价格持续下降，发达国家的工业制成品价格却不断攀升，国际贸易的“剪刀差”给发展中国家造成巨大的经济损失。

——摘编自马克垚《世界文明史(下)》

(1)根据材料一并结合所学知识，概括20世纪六七十年代非洲经济发展的原因。

(2)根据材料二，指出20世纪90年代非洲经济困难的表现。

(3)根据材料二、三并结合所学知识，分析制约当今发展中国家发展的因素。

# 第八单元

# 当代世界的基本面貌

## 单元史实概要

当前，全球正经历着深刻的变革。世界多极化、经济全球化、社会信息化和文化多样化深入发展，世界的联系空前密切。现代科技革命蓬勃兴起，推动产业布局和产业结构发生重大变化。然而，霸权主义、强权政治等仍然威胁着世界和平与安全。面对当代世界的机遇和挑战，中国为世界在百年未有之大变局中提供了中国智慧和中国方案——构建人类命运共同体。

本单元旨在提升学生的环境保护意识；培养学生尊重不同国家和地域文化的情怀；引导学生树立人类命运共同体意识，共促全球和平与发展。

## 单元目标聚焦

◆课标要求

（1）了解蓬勃发展的现代科技和产业。

（2）了解冷战结束后世界多极化、经济全球化、社会信息化和文化多样化的发展特点，以及出现的全球性问题；了解冷战结束后的中国与世界，认识中国特色社会主义建设的世界意义；认识人类社会面临的机遇与挑战，理解和平、发展、合作、共赢的时代潮流，树立人类命运共同体意识，共促全球的和平与发展。

◆重点与难点

**学习重点：**

（1）现代科技和产业的概况；

（2）认识人类社会面临的机遇与挑战。

**学习难点：**

（1）现代科技和产业的影响；

（2）如何应对人类社会面临的机遇与挑战。

# 第22课 现代科技革命和产业发展

## 知识梳理

**现代科技革命和产业发展**

1957年，苏联将一颗重80多千克的人造地球卫星送入太空。

1961年，苏联成功发射了第一艘载人飞船。

1962年，世界上第一个机器人问世。

1969年，美国宇航员成功登陆月球。

1970年，中国第一颗人造地球卫星“东方红一号”发射成功。

2017年，中国研制的“神威·太湖之光”超级计算机，最高计算速度当时居全球榜首。

2021年10月16日，神舟十三号载人飞船与空间站完成自主快速交会对接，中国空间站开启有人长期驻留时代。

## 史实意义

在经济上，现代科技革命不断发展，促使各国产业结构发生了重大变化；中国深入实施科教兴国战略、人才强国战略、创新驱动发展战略，建设现代化产业体系；推动新型工业化，加快建设制造强国、质量强国、航天强国、交通强国、网络强国、数字强国，推动制造业高端化、智能化、网络化发展；推动战略性新兴产业群发展，构建新一代信息技术、人工智能、生物技术、新能源、新材料、高端装备、绿色环保等一批新的增长引擎。在思想文化与科技上，第二次世界大战以来，出现了以电子计算机、自动化、新能源、航天技术、生物技术等为主要内容的现代科技革命；科技革命和新兴产业的发展，对就业人口的文化素质和技术水平的要求大为提高，终身学习和职业培训日益重要；随着人工智能、大数据、云计算、物联网等为代表的新科技革命孕育兴起，人类社会开始进入一个全新的时代。

## 巩固练习

### 一、填空题

1.2017年，中国研制的“________________”超级计算机，最高计算速度达到每秒12.54亿亿次，当时居全球榜首。

2.1962年，世界上第一个__________问世。

3.1961 年,____________成功发射了第一艘载人飞船。1969 年,____________宇航员成功登陆月球。

4.1970 年,中国第一颗人造地球卫星“____________”发射成功。2021 年 10 月 16 日,____________载人飞船与空间站完成自主快速交会对接,中国空间站开启有人长期驻留时代。

5.中国深入实施____________战略、____________战略、____________战略,建设现代化产业体系。

**二、选择题**

1.20 世纪 40 年代中期,美国某大学研制出一台重 30 多吨、占地 170 平方米的机器,它的问世对人类社会产生了深远影响,被人们称为“信息时代的蒸汽机”。它是世界上(　　)。

A.第一台电子计算机　　B.第一代互联网系统

C.第一颗人造卫星　　D.第一台智能机器人

2.20 世纪 90 年代以来,电子邮件、即时通信工具、电子图书馆、在线支付等使人的活动超越了许多时空限制。这主要是基于(　　)。

A.交通工具革新　　B.互联网的发展

C.空间技术兴起　　D.电子商务普及

3.20 世纪五六十年代,党和政府把发展“两弹一星”为核心的原子弹、空间技术和火箭技术放在重中之重的地位,主要是为了(　　)。

A.带动其他产业部门的发展　　B.尽快实现社会主义工业化

C.切实提高中国的国防力量　　D.适应现代科技革命的潮流

4.2020 年 12 月,我国嫦娥五号探测器成功携带月球样品返回地球。除中国外,曾成功登月并获取月球样品的国家有(　　)。

A.美国、日本　　B.英国、德国　　C.美国、苏联　　D.法国、俄罗斯

5.在使用蔬菜专用的机器收获莴苣时,会先用射线照射莴苣头部,以确定其是否成熟,当检测到莴苣发出的辐射能量下降到低于某预定数值时,机器上的切割机就会自动切下所选定的莴苣。这主要体现了现代农业生产工具的(　　)。

A.智能化　　B.规模化　　C.市场化　　D.社会化

6.在新技术的基础上,被系统地开发利用的可再生能源称为新能源,以下属于 21 世纪新能源的是(　　)。

A.太阳能　　B.石油　　C.煤炭　　D.水能

7.克隆猴“中中”和“华华”在中国诞生,并登上国际权威学术期刊《细胞》封面。这一成果属于第三次科技革命中的(　　)领域。

A.计算机　　B.航天技术　　C.生物工程　　D.原子能

8.现代科技革命促使各国产业结构发生了重大变化。下面对这些重大变化表述正确的是(　　)。

A.第一产业在国民经济中的整体比重和从业人口不断上升

B.第二产业在国民经济中的整体比重和从业人口不断上升

C.第三产业在国民经济中的整体比重和从业人口大幅下降

D.第三产业在国民经济中的整体比重和从业人口大幅上升

9.在 1999 年《福布斯》杂志排出的 400 名超级富豪中,“电脑新贵”“软件新贵”或“网络新贵”等占有 71 个席位,而且不少是名列前茅的,过去在世界经济中处在显赫地位的“石油大王”“汽车大王”等已渐趋衰落。这可以佐证(　　)。

A.科技进步引发经济结构变动　　B.国家干预得到强化

C.全球经济治理机制有待变革　　D.南北不平衡性加大

10.在第三次科技革命的推动下,高等教育不再局限于大学校园,而是逐步扩展到家庭、工厂、社区等领域;学习者的学习场所不再局限于一所大学,而是延展到世界范围内的大学;学习者的身份也不再局限于正式的“大学生”,而是扩充了那些渴望获得高等教育课程学习的社会人员。这表明,科技进步(　　)。

A.不利于高等教育的持续发展　　B.广泛提升了国民科学素养

C.助推教育向广度和深度发展　　D.推动人才选拔方式的变革

## 三、简答题

简述第二次世界大战后科学技术发展的主要表现。

## 四、材料题

阅读材料,并按要求回答下列问题。

**材料一**　第二次国际产业浪潮发生在第二次世界大战之后,转移路径是从美国到日本和联邦德国,其时间主要在 20 世纪 50 年代至 80 年代。美国将国内钢铁、纺织,这些劳动密集型产业转移到日本和联邦德国,以应对第三次科技革命的大背景。美国国内只保留精密机械、精细化工、集成电路、家用电器和汽车技术等这些高附加值产业。美国之所以将部分国内产业转移到日本和联邦德国,一是自身国内产业结构的调整,二是冷战格局的决定。在第二次世界大战期间,虽然日本和联邦德国给美国及其盟友带来了比较大的伤害,但在冷战格局下,日本和联邦德国成为美国对抗苏维埃政权的有力法宝。另外,朝鲜战争引发的“特需经济”,也使美国加快了产业向日本转移的速度。

——摘编自张莎丽娜《国际产业转移背景下的中国企业国际化研究》

**材料二**　“一带一路”途经七十多个国家,覆盖全球 64% 的人口,沿线绝大多数国家和地区工业化水平较低。因此,中国有望借助“一带一路”倡议,通过国际产业的转入和转出,实现国内产业结构升级,同时优化“一带一路”沿线国家生产要素布局,实现区域内合理分工,这样不但可以推进国内发展和国际开放，而且对实现区域一体化、全球化有着重要意义。“一带一路”沿线国家大致可以分为产业结构较为发达的欧洲地区，资源丰富的中亚、西亚地区及蒙古和劳动力丰富的南亚、东南亚地区。发达的经济体往往拥有领先的技术和创新竞争力，包括德国的机械制造技术、化工技术等，英国的“八大技术和战略产业”，法国的核电技术、汽车制造等，意大利的军工、汽车制造等，中国在相应方面也有较好的承接基础，有利于高端产业的引进。

——摘编自张理娟、张晓青、姜涵等《中国与“一带一路”沿线国家的产业转移研究》

**材料三** 西方产业转移，把劳动与资本直接对抗的矛盾转嫁到发展中国家，而发展中国家仅仅获得十几年的工业增长，这些转移的资本、产业和技术接着就转化成增长背后的负债，紧接着就是产业资本全球化代价在发展中国家爆发。

——摘编自温铁军、罗士轩、刘亚慧《回看中国：20世纪末的“化危为机”与结构性制度变迁》

（1）根据材料一并结合所学知识，分析美国20世纪50年代至80年代产业转移的原因。

（2）根据材料一、二、三，比较第二次世界大战后美国产业转移和中国“一带一路”下产业转移的不同之处。

（3）根据材料一、二、三，并结合所学知识，谈谈中国在产业转移和承接的过程中，应如何提升危机应对能力。

# 第23课 人类社会面临的机遇与挑战

## 知识梳理

**人类社会面临的机遇与挑战**

20世纪初，世界人口总数约16亿，到2020年已超过75亿。

20世纪70年代以来，全球每年荒漠化的土地达到9 000万亩。

20世纪90年代以来，经济全球化成为强劲的时代潮流。

1999年以来，北约多次东扩，至2022年6月，成员国增加至30个。

2013年，中国国家主席习近平初步提出构建人类命运共同体理念。

2013年，中国提出“一带一路”倡议，设立丝路基金，为相关国家共同繁荣搭建了合作平台。

2014年，全球近40%的财富掌握在1%的人口手中，而50%的人口掌握的财富只占1%。

2019年，中国举办亚洲文明对话大会，积极倡导文明交流与互鉴。

2020年，新冠疫情肆虐全球，中国在有效遏制国内疫情的同时，呼吁各国携手合作，构建人类卫生健康共同体，并向其他国家提供了大量抗疫物资。

## 史实意义

在政治上，世界多极化趋势继续加强；美国仍然致力于建立“单极世界”；中国、欧盟、俄罗斯等重要国际力量，和美国一起构成了“一超多强”；发展中国家的总体实力增强，成为推动世界多极化的重要力量；人类面临全球公共卫生安全问题，这也给世界的和平与安全带来了严峻挑战；中国积极参与全球治理，提出构建人类命运共同体的中国方案。在经济上，20世纪90年代以来，经济全球化成为强劲的时代潮流；以高科技为基础的生产方式带来全新的国际分工体系，国际贸易规模空前扩大，国际投资遍布全球，国际金融市场活跃。在思想文化与科技上，文化多样化深入发展；各国都在努力维护自己的文化特性，维系自己的文化根脉；中国在传承和传播中华优秀文化的同时，尊重世界文化多样性，促进和而不同、兼收并蓄的文明交流，推动世界的和平与发展。

## 巩固练习

### 一、填空题

1.在世界多极化的发展过程中，__________、__________、__________等重要的国

际力量，和美国一起构成了“一超多强”。

2.20 世纪 90 年代以来，____________成为强劲的时代潮流。

3.环境问题从____________后开始凸显，第二次世界大战后逐步形成全球性的环境危机。

4.____________和____________是引发当今世界局部冲突的重要根源。

5.为推动构建人类命运共同体，中国始终坚持________________、________________的外交政策宗旨。

## 二、选择题

1.当今世界，新兴市场国家和发展中国家群体性崛起，国际力量对比朝着趋于均衡的方向发展。新的世界格局发展趋势更能体现国际社会对公平正义与合作共赢的追求，更有助于全球治理体系的改革完善。这反映了当今世界的主要发展趋势是(　　)。

A.世界多极化　　B.经济全球化　　C.社会信息化　　D.文化多样化

2.下列各项中，对当代世界发展的特点表述确切的是(　　)。

A.世界多极化、经济全球化、社会信息化、文化多样化

B.和平、发展、合作、共赢成为时代潮流

C.和平与发展是当今时代的主题

D.专注民族自身利益是解决全球问题的基本原则

3.20 世纪 90 年代，“GAP 运动衫、索尼单放机、洋基棒球帽、曼妥思薄荷糖、皮卡丘集换式卡片和麦当劳食品，这些商品无处不在，已经成为世界历史新时代的文化象征了”。这主要反映了(　　)。

A.世界多极化　　B.经济全球化　　C.社会信息化　　D.文化多样化

4.进入 21 世纪，各国经济彼此依存，利益交融前所未有，已经形成了你中有我、我中有你，一损俱损、一荣俱荣的关系。这体现了(　　)。

A.世界多极化　　B.文化多样化　　C.生产智能化　　D.经济全球化

5.面对各种全球性问题，改革原有的治理机制，加强国际协调，已经成为国际社会共同关心和正在解决的问题。在此形势下，中国提出了人类命运共同体理念，得到各方广泛认同。这一理念的提出是(　　)。

A.基于公正国际秩序的建立　　B.以尊重人类文明的多样性为前提

C.大国进行外交博弈的结果　　D.以输出中国模式为目的

6.在经济全球化进程中，存在着全球市场的震荡、大宗商品价格的波动、能源危机、粮食安全问题、生态问题、气候问题、环境问题和过度开发带来的各种问题等全球性问题。这反映出(　　)。

A.人类发展破坏生态环境　　B.非传统安全威胁蔓延

C.全球治理机制亟须改革　　D.经济全球化陷入困境

7.在当今时代背景下，G20 既引入“和而不同”的中国智慧，又引入共商、共建、共享的原则；既引入平等、开放、合作、共享的中国治理观，又着力解决经济全球化中收入分配差距扩大，一部分人受益，一部分人受损的不平衡发展问题。由此可知，中国智慧(　　)。

A.推动了区域经济集团化的兴起　　B.有利于全球治理体系的优化

C.解决了经济全球化的弊端　　　　D.打破了西方的霸权主义政策

8.经济全球化已成为世界经济发展的主要趋势。随着这一趋势的来临，全人类共同面临着众多的危机与挑战。下列问题属于全人类共同面临的危机与挑战的是（　　）。

①人口问题　②环境问题　③资源问题　④温饱问题

A.①②③　　B.②③④　　C.①②④　　D.①③④

9.“在国际体系中，如果你不在餐桌上，就可能会在菜单上。”美国国务卿布林肯在2024年举行的德国慕尼黑安全会议上谈及中美关系时拿“餐桌和菜单”来打比方，话语中充斥着对外剥削和掠夺的狼性文化。这暴露出美国主张的本质是（　　）。

A.霸权主义和强权政治　　　　B.和平解决国际争端与冲突

C.构建人类命运共同体　　　　D.积极参与全球治理体系改革

10.“将地球比作一艘大船，190多个国家就是这艘大船里的一个个船舱。世界各国只有相互尊重，合作共赢，共同发展……才能乘风破浪，平稳前行。”材料表明（　　）。

A.构建人类命运共同体的重要性　　　　B.文化多样性是世界文化的特征

C.探索适合本国国情的发展道路　　　　D.发展中国家面临的问题多种多样

## 三、简答题

简述人类命运共同体的内涵。

## 四、材料题

阅读材料，并按要求回答下列问题。

**材料一**　近代以来，西方列强通过战争、殖民、划分势力范围等方式争夺利益和霸权，给亚非拉国家带来了巨大的灾难。但从20世纪90年代以来，世界局势急剧变化，尤其是在面对维护国际经济金融安全、资源能源安全、粮食安全、网络信息安全，应对气候变化，打击恐怖主义，防范重大传染性疾病等全球治理问题时，国际社会应对乏力。各国以“制度规则”协调关系和利益的方式演进，建立国际机制、遵守国际规则、追求国际正义成为多数国家的共识，“全球治理体制变革正处在历史转折点上”。

——根据网络资料整理

**材料二**　面对全球治理失灵，中国政府强调要加强全球治理、推进全球治理体制变革，这不仅事关应对各种全球性挑战，而且事关给国际秩序和国际体系“定规则、定方向”。要抛弃过时的“冷战思维”，树立“共同、综合、合作、可持续”的新安全观，寻求而不是破坏共识，化解而不是制造矛盾，推动国际秩序朝着更加公正合理的方向发展。要加强在重大全球性问题上的沟通和协调，为实现世界和平、稳定、繁荣提供更多“公共产品”，建立健全宏观经济政策协调机制，推动正面而非负面的“溢出效应”。“以平等为基础”，增加“新兴市场国家和发展中国家”代表性和发言权，确保各国“权利、机会、规则”平等；“以开放为导向”，不搞排他性安排，防止治理机制封闭化和规则碎片化；“以合作为动力”，全球性挑战需要全球性应对，合作是必然选择，各国要加强沟通和协调，共商规则、共建机制、共迎挑战；“以共享为目标”，不搞一家独大或者赢者通吃，寻求利益共享，实现共赢目标。

——根据网络资料整理

(1) 根据材料一并结合所学知识，概括并分析 20 世纪 90 年代以来全球治理失灵的背景。

(2) 根据材料二，概括中国政府提出的全球治理主张。

(3) 根据材料二并结合所学知识，分析中国政府提出的全球治理的实质是什么？

# 参考答案

## 第一单元　古代文明的产生与发展

### 第1课　古代亚非

巩固练习

**一、填空题**

1.西亚的两河流域;北非的尼罗河流域;中国的黄河和长江流域;南亚的印度河和恒河流域

2.古巴比伦王国国王汉谟拉比;《汉谟拉比法典》

3.古代埃及人;象形文字

4.婆罗门;刹帝利;吠舍;首陀罗;贱民

5.楔形文字

**二、选择题**

1.C【解析】栽培谷物,即粮食作物的种植。符合题干材料中所描述“增殖天然的产品”的特点,故选C项。采集渔猎的活动并不符合“增殖天然的产品”,排除A项。磨制石器和养蚕种桑与题干材料无关,排除B、D项。

2.B【解析】根据所学知识可知,古代中国文明起源于黄河、长江流域;古代印度文明起源于印度河、恒河流域;古代埃及文明起源于尼罗河流域;古巴比伦文明起源于两河流域。由此可知,古代中国文明、古代印度文明、古代埃及文明、古巴比伦文明的相同地理因素是河流,故选B项。

3.C【解析】根据所学知识可知,尼罗河的自然环境孕育了古代埃及文明。尼罗河的定期泛滥形成了肥沃的冲积平原,促进了古代埃及农业文明的产生和发展,故选C项。

4.C【解析】根据所学知识可知,公元前18世纪前期,古巴比伦王国国王汉谟拉比统一了两河流域。他颁布了《汉谟拉比法典》,宣扬王权神授,完善官僚体系。故选C项。《查士丁尼法典》是由东罗马帝国皇帝查士丁尼一世下令编纂的,国家不符,排除A项。《十二铜表法》是古罗马的第一部成文法,国家不符,排除B项。拿破仑法典又称《法国民法典》,是在1804年法国拿破仑统治时期颁布的,是资产阶级国家的第一部民法典,国家不符,排除D项。

5.C【解析】根据所学知识可知,古代埃及国王为自己修建了呈斜锥体的陵墓,它每个侧面都形似汉字“金”,因此,中国人称之为“金字塔”,故选 C 项。教堂、寺院、神庙均不是金字塔的用途,排除 A、B、D 项。

6.A【解析】根据所学知识可知,古代印度人发明了从 0 到 9 的 10 个数字符号,后来经阿拉伯人传入欧洲,被称为阿拉伯数字,故选 A 项,排除 B、C、D 项。

7.D【解析】根据所学知识可知,楔形文字起源于古代西亚的两河流域,故选 D 项。60 进制是古代西亚苏美尔人发明的,排除 A 项。方舟传说起源于古代西亚,排除 B 项。象形文字是由古代埃及人发明的,排除 C 项。

8.C【解析】题干材料所述“法官的儿子永远是法官,小偷的儿子永远是小偷”体现的是阶层的固化,而古代印度的种姓制度就是这种特有的等级制度,带有严重的歧视性,故选 C 项。城邦制度强调的是国家体制,排除 A 项。君主专制制度与“阶级歧视”没有直接的关系,排除 B、D 项。

9.D【解析】题干材料信息体现出古代埃及君主的威严。由此可知,该文明的特征是君主专制统治,故选 D 项。

10.B【解析】根据题干材料“古代埃及的象形文字、孟斐斯城”“古代中国的甲骨文、二里头宫殿遗址”“古希腊的字母文字、雅典城”可以判断出,人类走向文明的显著特征是文字的出现和城市的兴起,这是生产力发展的结果,故选 B 项。题干材料未涉及社会分工,排除 A 项。C 项是国家产生的原因及表现,故排除。题干材料未涉及阶级和农业问题,排除 D 项。

## 三、简答题

地处大河流域;建立了统一的奴隶制国家;以农业经济为主。

## 四、材料题

(1)主要信息:古代埃及的国王称法老;古代埃及实行君主专制制度。

(2)原则:“以牙抵牙,以眼还眼”。

实质:维护奴隶主阶级统治的工具。

意义:《汉谟拉比法典》是迄今世界上第一部较为完整的成文法典。

【解析】(1)主要信息:根据材料一“‘法老’……新王国时期正式成为国王的尊称”可知,古代埃及的国王称为法老;根据材料一“古代埃及的君主专制制度是……最为典型的”可知,古代埃及实行君主专制制度。

(2)原则:根据材料二“《汉谟拉比法典》……处理原则就是‘以牙抵牙,以眼还眼’”可知,《汉谟拉比法典》的原则是“以牙抵牙,以眼还眼”。

实质:根据材料二“为了巩固奴隶主的统治”并结合所学知识可知,《汉谟拉比法典》是维护奴隶主阶级统治的工具。

意义:结合所学知识可知,《汉谟拉比法典》是迄今世界上第一部较为完整的成文法典。

# 第 2 课　古代希腊罗马

## 巩固练习

### 一、填空题

1.雅典;斯巴达

2.雅典民主制度

3.国王;长老会

4.公民直接参与国家管理的制度;成年男性自由民;妇女、外侨和奴隶

5.极盛时期;395;476;拜占庭帝国

### 二、选择题

1.B【解析】古希腊民主制度开西方民主政治之先河,故选 B 项。A、C、D 项与题干材料无关。

2.A【解析】古希腊是民主文明的摇篮,它是海洋文明的典型代表,题干材料说明海洋对于古希腊的政治建设有着重要作用,故选 A 项。

3.D【解析】根据所学知识可知,公元前 5 世纪,中小奴隶主随着经济实力的增强,要求扩大政治权力。伯里克利当政时期,顺应了这一趋势和要求,他改革政治,扩大了奴隶主民主,使雅典的奴隶主民主政治达到顶峰,故选 D 项。

4.D【解析】根据所学知识可知,克里斯提尼在雅典主持改革,初步建立了民主制度。伯里克利时代,雅典的民主政治达到了顶峰,故选 D 项。

5.B【解析】根据所学知识可知,阿基米德以发现杠杆原理和浮力原理而闻名,他发明的螺旋式水车,可以用来排水或灌溉,故选 B 项。

6.C【解析】在古希腊,只有城邦的成年男性公民,才能享有民主权利和政治自由,故选 C 项。妇女、外侨、奴隶不享有这种权利和自由,排除 A、B、D 项。

7.B【解析】公元前 27 年,屋大维夺取政权,成为实际上的皇帝,罗马进入帝国时期。罗马帝国建立后,不断扩张,到 2 世纪的时候,罗马地跨欧亚非三洲,地中海成了它的内湖。罗马帝国延续了约 500 年,它与秦汉时期的中国一样,是古代世界强大的帝国之一。A、C、D 项不符合题意,故选 B 项。

8.B【解析】罗马城是所有货物的汇聚地,说明当时罗马帝国经济发展空前繁荣,故选 B 项。题干材料所述与贫富差距无关,排除 A 项。罗马帝国是奴隶制帝国而非原始社会,排除 C 项。由题干材料无法判断出罗马帝国在世界贸易中的地位,排除 D 项。

9.D【解析】根据所学知识可知,"条条大路通罗马""身在罗马,就像罗马人一样行事",这些西方谚语都与罗马帝国有关,罗马帝国的黄金时期,疆域辽阔,横跨欧亚非三洲,境内交

通便利，四通八达，当时的人以做罗马人为荣。上述西方谚语的形成实际上说明了罗马文化渗入它统治过的广大地区，故选 D 项。虽然罗马帝国为了向外扩张修建了许多道路，但表述片面，无法说明“身在罗马，就像罗马人一样行事”，排除 A 项。当时有很多外国人在罗马学习、生活，只是罗马城市多元性的表现，不是题干材料主旨，不符合题意，排除 B 项。罗马帝国的征服和统治充满了暴力，题干材料所述与暴力征服无关，反映的是文化征服，不符合题意，排除 C 项。

10.D【解析】根据所学知识可知，古罗马将中国称为“丝绸之国”，中国汉代史书中也有关于罗马的记载，这表明双方对彼此有一定的了解，故选 D 项。根据题干材料不能得出两国统治者交往密切，排除 A 项。题干材料并未体现汉朝人将罗马称为“大秦”的原因，排除 B 项。两国的国家利益并不相同，排除 C 项。

## 三、简答题

古希腊实行民主制度，其民主政治在伯里克利时代达到顶峰；古希腊城邦实行公民直接参与国家管理的制度，公民有出席公民大会和担任公职的权利，直接决定城邦的重要事务；古希腊人很早就能绘制世界地图，并能正确解释月食产生的原因；古希腊文学成就很高，《伊利亚特》和《奥德赛》是其著名的史诗；古希腊建筑艺术发达，雅典卫城建筑群是其代表，帕特农神庙是其中的翘楚；古希腊雕塑成就突出，著名的作品有《掷铁饼者》和《米洛斯的维纳斯》。

## 四、材料题

1.(1)地区：古希腊雅典城邦。

(2)参与人：成年男性公民。

【解析】(1)地区：根据材料一“伯里克利”“公民大会”并结合所学知识可知，公元前 5 世纪中后期伯里克利主政时期，雅典城邦达到全盛，奴隶制民主政治也随之达到顶峰。因此地区是古希腊雅典城邦。

(2)参与人：根据材料二“在这种民主政治中参加选举的是全体，但仍然是奴隶主的全体，奴隶是除外的”。结合所学知识可知，希腊城邦的居民分为公民和非公民。成年男性公民有参与政治的权利，占雅典人口绝大多数的外邦人、奴隶、妇女没有任何政治权利。

2.(1)被征服地区的军民俘虏。

(2)被广泛用于各种社会劳动中，生产生活条件艰苦，被当作奴隶主取乐的工具等。

(3)斯巴达克起义。在斯巴达克起义的沉重打击下，罗马帝国进一步衰落。

(4)罗马帝国。丝绸之路。

【解析】(1)根据材料一“被征服地区的军民俘虏源源不断地流入罗马，成为罗马奴隶的主要来源”可知，罗马奴隶的主要来源为被征服地区的军民俘虏。

(2)根据材料二“奴隶劳动被广泛应用于矿山、大作坊和农业中。田间劳动的奴隶白天戴着脚镣种地，夜间被关在像地牢一样的屋子里；矿山奴隶系着铁链，在兵士的监督下劳动；角斗士则被驱进角斗场，或互相厮杀，或与猛兽搏斗，以生命为代价供奴隶主哄笑取乐”可知，奴隶被广泛用于各种社会劳动中,生产生活条件艰苦,被当作奴隶主取乐的工具等。

(3)结合所学知识可知,公元前73年,罗马爆发的这场声势浩大的奴隶起义是斯巴达克起义。其影响是在斯巴达克起义的沉重打击下,罗马帝国进一步衰落。

(4)根据材料三“当时帝国地跨欧亚非三洲,地中海成为帝国的‘内湖’”可知,该帝国指的是罗马帝国。罗马帝国同中国之间的贸易通道被称作丝绸之路。

# 第二单元　中古时期的世界

## 第3课　中古时期的西欧

### 巩固练习

#### 一、填空题

1.法兰西;德意志;意大利

2.土地

3.庄园

4.手工业者;庄园农奴制度

5.教会;教会人士

#### 二、选择题

1.C【解析】结合所学知识可知,封君封臣制度是中古前期西欧在政治上的显著特征,其纽带是土地,受封土地的人是封臣,故选C项。

2.B【解析】由题干材料可知,中古西欧社会,僧侣是祈祷的人,骑士是作战的人,农民是劳作的人,它体现了中古西欧社会的分工。在中古西欧社会的基督教统治下,居民几乎都是基督教徒。所以,其中“僧侣”来自基督教,而非佛教、伊斯兰教和印度教,故选B项。

3.A【解析】根据所学知识可知,12世纪西欧的教育与学术出现了新的气象,大学的兴起被认为是欧洲中世纪教育“最美好的花朵”,故选A项。教会学校是指天主教或基督教教会所设立和控制的学校,属于封建势力的代表,排除B项。教师私人办学必须从教会取得授课许可证。为了维护自身的权利和经济利益,巴黎的教师组成教师行会,选举会长管理学校,排除C项。庄园法庭管理的庄园,属于封建社会的管理机构,与教育无关,排除D项。

4.C【解析】题干材料描述的是欧洲中世纪的封君封臣制度,而维系这种制度的基础是土地。授予土地者为封君,领取土地者为封臣,封臣必须效忠封君,故选C项。欧洲中世纪的城市拥有一定的自治权,它与封建主之间并没有必然效忠的关系,排除A项。庄园是中古西欧基本的农业经济组织,它并不是维系封君封臣制度的基础,排除B项。宗教因素并不是维系封君封臣关系的基础性因素，排除 D 项。

5.C【解析】题干材料描述的是中古时期西欧封君封臣制度下的社会特征，故选 C 项。

6.A【解析】根据题干材料“只有领主的磨坊才能磨面粉，佃户不得到庄园以外磨面粉”可知，庄园法庭维护领主的利益，故选 A 项。

7.C【解析】根据所学知识可知，农业的机械化出现在工业革命之后，故选 C 项。社会稳定、生产力水平提高和工商业的复兴和繁荣，都是 10—11 世纪欧洲城市兴起的重要条件，A、B、D 项不符合题意。

8.B【解析】题干材料中的封君封臣制度、庄园与农奴制、王权强化及城市自治等，均是中古时期欧洲在政治、经济及思想等方面的表现，故选 B 项。

9.A【解析】根据题干材料“有住宅、教堂、磨坊、马厩、仓库等设施，备有耕畜和各种生产工具”“生产各种生活和生产所需的物品”可知，中古时期欧洲的庄园生产和生活设施齐全，生产和生活所需物品自给自足，基本不需要同外界进行物质交换，体现了中古时期欧洲庄园经济上自给自足的特点，呈现出自然经济的特点，故选 A 项。城市自治是在新兴城市出现之后，与欧洲庄园不符，排除 B 项。题干材料反映的是中古时期欧洲庄园经济上的特点，不能体现王权专制的色彩，排除 C 项。题干材料反映的是中古时期欧洲庄园呈现出自然经济的特点，而不是商品经济，排除 D 项。

10.C【解析】根据题干材料“13 世纪中叶”“对亚里士多德的著作提出怀疑”“其学生也曾进行科学实验和讲学，批评神学”可知，中古时期大学鼓励质疑的科学精神，故选 C 项。文艺复兴兴起于 14 世纪中叶，排除 A 项。中古时期大学仍然受到基督教会和国王的影响，并未摆脱教会的思想束缚，排除 B 项。城市居民常用金钱赎买和武力斗争的手段取得城市的一定自治权，排除 D 项。

### 三、简答题

农业生产的进步；城市和商品经济的发展；文化复兴带来的知识扩展。

### 四、材料题

1.(1)封建等级制度。

(2)土地的封赐。

(3)有着严格的等级性，而且权利、义务交织在一起，有一定的契约性。

【解析】(1)根据材料“‘我的主人啊！臣下乃是我主的仆人，领有采邑的家臣。臣下愿竭忠尽智，不顾生死，一生奉养我的主人’”并结合所学知识可知，反映的是中古西欧的封建等级制度。

(2)根据材料“‘我的主人啊！臣下乃是我主的仆人，领有采邑的家臣。臣下愿竭忠尽智，不顾生死，一生奉养我的主人’”并结合所学知识可知，8 世纪前期，法兰克王国对土地的分封形式进行了改革，要求得到封地的人必须提供兵役服务。这样，赐地的人成为封君，接受土地的人则成为封臣。11 世纪，这种以土地封赐为纽带而形成的封建等级制度在西欧已经普遍存在。

(3)根据材料并结合所学知识可知，赐地的人成为封君，接受土地的人则成为封臣，封臣对待封君要忠诚,在封君需要的时候,封臣要无偿地为封君服兵役、提供金钱等;封君对封臣也有义务,封君不能任意侵害封臣的荣誉、人身和财产安全;当封臣受到外来攻击时,封君必须提供保护。封君与封臣的关系有着严格的等级性,而且权利、义务交织在一起,有一定的契约性。

2.(1)为领主劳动,向领主缴纳各种捐税等。

(2)5 种;罚款。

(3)生活状况。

(4)佃户。庄园法庭起着维护庄园公共秩序的作用,在一定程度上,限制了领主的特权。庄园是一个独立的自给自足的经济和政治单位。

【解析】(1)根据材料一"佃户为领主进行的劳动和为自己进行的劳动是分开的"可知,佃户要为领主劳动;根据材料一"佃户使用领主的磨坊、酿酒机、面包炉等,都必须缴纳使用费""农奴的女儿嫁到庄园以外的人家,要缴纳一笔称为'婚姻捐'的赔偿费""农奴死亡,子女继承份地,要向领主缴纳数额不菲的'继承捐'"可知,佃户要向领主缴纳各种捐税。

(2)根据材料二列举出的罚款和罪状可知,有 5 种违法行为。根据材料二中的惩罚措施可知惩罚手段是罚款。

(3)根据材料三"住处一般是破陋的茅棚,用糊上泥巴的枝条编成的篱笆搭成""水果几乎没听说过,蔬菜限于洋葱、韭菜、萝卜和甘蓝之类,统统煮成一种稀汤"可知,描述的是农奴的生活状况。

(4)根据以上材料和所学知识可知,庄园中最多的是佃户。庄园法庭起着维护庄园公共秩序的作用。领主可以凭借庄园法庭奴役佃户,佃户也可以利用庄园法庭维护自己的权益,甚至有权参与案件的审理。庄园法庭既维护了领主的利益,也在一定程度上限制了领主的特权。根据所学知识可知,庄园是在领主统治下的一个独立的自给自足的经济和政治单位。

# 第 4 课　中古时期的亚洲

## 巩固练习

### 一、填空题

1.伊斯兰教

2.阿拉伯语

3.农业;手工业;商业

4.巴格达

5.《天方夜谭》(又名《一千零一夜》)

二、选择题

1.C【解析】根据题干材料"'它不仅是一种宗教信仰……它是阿拉伯文明独特的印记'"并结合所学知识可知,其中的"它"指的是伊斯兰教。7世纪初,穆罕默德创立了伊斯兰教,622年,他率领一些信徒迁居麦地那,建立了一个以共同信仰为基础的宗教社团,即穆斯林公社。伴随着阿拉伯帝国的扩张,伊斯兰教向阿拉伯半岛以外的地区广泛传播,故选C项。佛教创立于古代印度。基督教诞生于1世纪罗马帝国统治下的巴勒斯坦地区,4世纪末,罗马皇帝将基督教确定为国教,促进了基督教的传播。印度教是伴随印度封建社会形成的。由此可知,佛教、基督教、印度教,均与题干材料所述"'它是阿拉伯文明独特的印记'"不符,排除A、B、D项。

2.A【解析】穆罕默德在7世纪初创立了伊斯兰教,故选A项。奥斯曼一世建立了奥斯曼帝国,排除B项。奥斯曼帝国苏丹穆罕默德二世灭亡了拜占庭帝国,排除C项。穆罕默德和印度佛教无关,排除D项。

3.A【解析】阿拉伯帝国的都城巴格达是当时世界上最大的城市之一,故选A项。君士坦丁堡是拜占庭帝国的都城,排除B项。热那亚是意大利最大的港口,排除C项。开罗是埃及首都,排除D项。

4.C【解析】阿拉伯商人和旅行家成为东西方文化交流的桥梁,中国的造纸术、印度的数字先后经阿拉伯人传入欧洲,促进了欧洲文化的发展,故选C项。印度人、希腊人明显不符合史实,排除A、B项。伊斯兰教是7世纪初穆罕默德创立的,而且东西方文化间传播的也不仅仅是宗教,排除D项。

5.A【解析】中国的造纸术、印度的数字先后经阿拉伯人传入欧洲,促进了欧洲文化的发展,故选A项。拉丁字母是从欧洲的希腊字母演化而来的,排除B项。《查士丁尼法典》是欧洲罗马人的成就,排除C项。庄园制度本身就是欧洲的产物,排除D项。

6.C【解析】根据所学知识可知,日本于645年建年号为"大化",646年实行改革,史称"大化改新",故选C项。A项是大化改新的措施,B项是12世纪的日本政治制度,D项是近代日本学习西方的资产阶级性质的改革,都不符合题意。

7.D【解析】根据所学知识可知,12世纪晚期,源赖朝获得"征夷大将军"的称号,设幕府于镰仓。镰仓幕府拥有独立于朝廷的政治、军事权力,日本由此进入长达近700年的幕府统治时期,故选D项。孔雀王朝是古代印度摩揭陀国著名的奴隶制王朝,排除A项。斯图亚特王朝是英国历史上的王朝,排除B项。哈里发是指穆罕默德去世以后,伊斯兰阿拉伯政权元首的称谓,排除C项。

8.D【解析】根据所学知识可知,645年,日本发生了宫廷政变。政变的主谋是中大兄皇子,他深受中国文化的影响,希望效仿隋唐王朝建立中央集权。次年,日本正式实行改革。故选D项。

9.C【解析】由题干材料中"深受中国的影响""7—8世纪"等信息并结合所学知识可知,其中的"新"表现为日本通过大化改新,发展成为一个中央集权制的封建国家,不再是奴隶制国家,故选C项。根据所学知识可知,5世纪,大和政权已基本实现统一,时间不符,排除A项。

在 7 世纪中期大化改新后，日本已废除一切私地、私民，与史实不符，排除 B 项。日本在 12 世纪晚期才设幕府，进入幕府统治时期，时间不符，排除 D 项。

10.A【解析】根据所学知识可知，日本曾经效仿隋唐进行过大化改新，通过这次改革，日本开始了由奴隶社会向封建社会的过渡。因此，日本大化改新是一次封建性质的改革，故选 A 项。

三、简答题

大化改新的内容主要有两方面。经济上实行班田收授法。将所有土地收归国有，由国家按照人口的数量和年龄把土地授予民众，接受土地者必须为国家服劳役和缴纳租税。民众所领田地不得买卖，身故后上交国家，国家则每隔 6 年重新班田。官僚贵族按照品级高低获得的土地为封地，以封地的租税为俸禄。政治上改革中央和地方制度。天皇为国家最高统治者，下设分掌政治、军事、户口、财政、监察和宗教等事务的机构。地方设国、郡、里三级，各级官吏均由国家任免。大化改新使国家全面掌握了土地和人口，在日本建立了中央集权制度。

四、材料题

(1)政策：以伊斯兰教为主；对新征服地区人民采取安抚政策，对异教徒采取宽容政策，对当地先进文化高度重视等。

积极作用：传播了伊斯兰教文化，使之成为世界性宗教；减少了扩张的阻力，使阿拉伯帝国迅速发展成为地跨亚非欧三洲的帝国；保存先进文化，丰富和发展了多元的世界文明。

(2)原因：中东、北非是多民族聚居区，历史上这一区域多次遭受不同族群的征服，出现文化相融的局面；伊斯兰教一统天下的宏伟目标；阿拉伯帝国拥有雄厚的物质基础和精神基础；统治者开放的政治胸怀。

(3)阿拉伯帝国是东西方文化交流的桥梁。例如，阿拉伯商人和旅行家将中国的造纸术和印度的数字符号等传入欧洲，促进了西欧文化的发展。

【解析】(1)第一问，根据材料一信息“以伊斯兰教为旗帜”“对非阿拉伯人实行安抚政策”“对犹太教徒、基督教徒、袄教徒等异教徒的宽容”分层概括即可。第二问，根据第一问的相关信息并结合所学知识，可从对阿拉伯帝国和对世界的积极作用两个方面简述。

(2)根据材料二信息“帝国境内各民族族类渊源相似、习俗相近、往来已久”“帝国伊斯兰化的宏伟目标与有序管理庞大帝国的政治现实”“帝国强大，思想开阔”提炼概括即可。

(3)结合所学知识，从阿拉伯帝国对东西方文明交流的作用方面概括作答即可。

# 第 5 课　中古时期的非洲和美洲

## 巩固练习

一、填空题

1.金矿；商道

2.玛雅;阿兹特克;印加

3.金字塔;斜锥形

4.贵族;平民;奴隶

5.中央集权;官方语言;宗教

## 二、选择题

1.D【解析】根据题干材料并结合所学知识可知,迦太基文明是北部非洲文明的代表,不属于古代美洲文明,故选D项。玛雅文明、阿兹特克文明和印加文明均属于古代美洲文明的代表,排除A、B、C项。

2.A【解析】根据所学知识可知,西非的桑海攻灭马里,确立西非的霸主地位,故选A项。桑给巴尔位于东非的印度洋沿岸,排除B项。津巴布韦是南非的国家,排除C项。埃及是北非的国家,排除D项。

3.B【解析】根据题干材料“肥沃的苏丹草原”“横贯撒哈拉沙漠的贸易”可知,地理条件好是桑海王国兴起的原因,故选B项。

4.A【解析】根据所学知识可知,玉米和甘薯原产于美洲,故选A项。橄榄原产于中国,小麦原产于亚洲,葡萄原产于亚洲西部,排除B、C、D项。

5.C【解析】根据所学知识可知,培育并种植小麦是西亚地区的文明成果,故选C项。古代美洲的玛雅人种植棉花,建造金字塔,并使用太阳历,排除A、B、D项。

6.C【解析】根据所学知识可知,15世纪中后期,印加人通过征服战争,以今天的秘鲁为中心创建了一个庞大的帝国,即印加帝国,他们没有文字,采用结绳记事,故选C项。

7.A【解析】根据所学知识可知,南部非洲文明的代表是莫诺莫塔帕王国,以大津巴布韦为都城,故选A项。阿克苏姆王国位于今天的埃塞俄比亚地区,不属于南部非洲,排除B项。马里王国是在西非,不属于南部非洲,排除C项。摩加迪沙王国是在东非,不属于南部非洲,排除D项。

8.D【解析】根据所学知识可知,大津巴布韦是南部非洲古代文明的杰出代表,得名于一组古代巨石建筑群遗址,故选D项。金字塔建筑属于埃及的文明成就,排除A项。大津巴布韦地处非洲东南部内陆,排除B项。桑海帝国是西非人创建的一个帝国,排除C项。

9.C【解析】题干材料描述的是古代津巴布韦的农业、商业和艺术,说明津巴布韦曾经有着辉煌的文明,故选C项。

10.A【解析】根据题干材料“浮动园地”并结合所学知识可知,描述的是阿兹特克文明,阿兹特克人的经济基础是农业,他们发明了“浮动园地”,扩大了耕地面积,故选A项。

## 三、简答题

玛雅人种植了玉米、棉花和可可等许多农作物;使用复杂的历法纪年;发明了独特的玛雅文字;城市建筑精美繁多,修筑了壮观的金字塔庙宇。

四、材料题

(1)印第安人创造了美洲的玛雅文明、阿兹特克文明和印加文明;种植的许多农作物传播到世界各地被广泛栽种。

(2)印第安人擅长建筑,留下了玛雅金字塔等建筑遗产;发明了独特的文字;使用复杂的历法纪年。

(3)西班牙殖民者的入侵,带来了血腥、暴力、疾病、瘟疫;印第安文明自身发展存在孤立性、落后性和区域性;内部矛盾突出,缺乏团结性;疾病蔓延。

【解析】(1)根据材料一“创造了灿烂的文明成就,从农业文明发展角度来说,他们创造了独特的美洲玉米文明”并结合所学知识可知,印第安人创造了美洲的玛雅文明、阿兹特克文明、印加文明,而且玛雅文明的许多农作物传播到世界各地被广泛栽种。

(2)根据所学知识可知,印第安人擅长建筑,留下了玛雅金字塔等建筑遗产;发明了独特的文字;使用复杂的历法纪年。

(3)根据材料二“流感不像钢刀那样寒光闪闪,但印第安人都躲不开它”可知,印第安人受疾病蔓延影响严重;根据材料二“在从形成时期(约公元前 1000 年)到西班牙人入侵的这段漫长时期内”可知,西班牙殖民者的入侵,带来了血腥、暴力、疾病、瘟疫;印第安文明自身发展存在孤立性、落后性和区域性,最终导致其走向衰亡。再结合所学知识,从其他角度分析即可。

# 第三单元　全球联系的建立与资本主义的兴起

## 第 6 课　欧洲的思想解放运动

### 巩固练习

一、填空题

1.但丁;彼特拉克;薄伽丘

2.达·芬奇;米开朗琪罗;拉斐尔

3.人文主义;教会

4.哥白尼;日心说

5.伏尔泰

二、选择题

1.C【解析】根据所学知识可知,从意大利开始的文艺复兴运动,持续了近三百年。它使人们开始认识到,必须打破中世纪以来的封建统治和教会神学对人们的思想束缚,强调和发挥人在这个世界上的作用,倡导人文主义精神。但丁是文艺复兴的先驱,代表作品是《神曲》。

达·芬奇是意大利著名的画家,著名的绘画作品是《最后的晚餐》和《蒙娜丽莎》。莎士比亚是文艺复兴时期英国著名的文学家,其作品《奥赛罗》《李尔王》《哈姆雷特》和《麦克白》被称为四大悲剧。故选 C 项。

2.C【解析】意大利繁荣的工商业推动了资本主义萌芽的出现,资本主义萌芽引起了阶级关系和思想观念的变化,资产阶级要求有为自己服务的思想文化,进而引发了一场巨大的思想变革,即文艺复兴运动,故选 C 项。反对教会宣扬的神权思想是文艺复兴运动的内容,不是其经济根源,排除 A 项。资产阶级的个人主义只是文艺复兴运动思想方面的原因,不是其经济根源,排除 B 项。文艺复兴运动的经济根源是资本主义生产关系的萌芽,不是天主教教会的专制统治,排除 D 项。

3.B【解析】根据所学知识可知,《哈姆雷特》是莎士比亚的代表作品之一,故选 B 项。《神曲》是但丁的作品,《蒙娜丽莎》和《最后的晚餐》都是达·芬奇的作品,排除 A、C、D 项。

4.C【解析】题干材料“讲述性格各异的人物故事,内容尽显人间百态”说明此时的作品关注人、注重人性,体现了文艺复兴的指导思想,即人文主义,故选 C 项。

5.C【解析】根据题干材料“薄伽丘的《十日谈》因充满‘可怕的人欲’而为教会所不容”可知,教会畏惧的是作品表现出的“人欲”,而《十日谈》讴歌了自然人性,体现了人文主义精神,故选 C 项。

6.C【解析】根据题干材料“达·芬奇在绘画时常思考”“他对人的遗体进行解剖和研究”可知,达·芬奇绘画中包含的理性精神,故选 C 项。近代实验科学的基础是实验验证,题干材料不能体现出实验科学的研究,排除 A 项。“奔放情感”是浪漫主义绘画的特点,这一艺术流派主要流行于 19 世纪上半叶,排除 B 项。启蒙运动否定了天主教的神学理论,排除 D 项。

7.C【解析】根据题干材料“哥白尼的贡献”并结合所学知识可知,C 项正确。“地心说”产生于“日心说”之前,排除 A 项。哥伦布发现了美洲大陆,排除 B 项。卢梭著有《社会契约论》,排除 D 项。

8.B【解析】根据所学知识可知,万有引力定律是牛顿发现的,故选 B 项。

9.A【解析】根据所学知识可知,启蒙运动的核心是理性主义,故选 A 项。

10.C【解析】根据所学知识可知,启蒙运动为美国独立战争和法国大革命提供了思想武器,它是一场弘扬理性,全面清算封建意识形态,把人民的思想从宗教神学和封建专制的禁锢中解放出来的思想解放运动。它不仅为美国独立战争和法国大革命提供了锐利的思想武器,而且为马克思主义哲学的创立提供了理论前提,故选 C 项。文艺复兴是 14 世纪至 17 世纪欧洲的主要文化思潮,以复兴希腊、罗马的古典文化为号召,实际上宣扬人文主义,是资本主义文化思想的萌芽,排除 A 项。波士顿倾茶事件是美国独立战争的导火索,与法国大革命无关,排除 B 项。法国三级会议是法国大革命的导火索,与美国独立战争无关,排除 D 项。

### 三、简答题

人文主义思想:反对中古时期的教条、禁欲和苦行;强调以人为中心,呼吁重视个人的尊严、价值与欲求,提倡宽容和世俗文化。

历史背景:中世纪的封建压迫;商品经济发展和资本主义萌芽的出现;古典文化遗存的影响。

四、材料题

(1)新航路的开辟使人们对基督教产生了怀疑;文艺复兴和宗教改革传播了人文主义,解放了人们的思想;近代自然科学的发展;受中国儒家思想的影响。

(2)强调人的理性;突出科学和教育的作用;构想了未来资产阶级理性王国的蓝图。

【解析】(1)根据材料一"新航路的开辟使欧洲人认识到世界其他地方还存在迥异的民族、宗教和文明形态,使基督教关于人类起源的说法成为虚假之言"可知,新航路的开辟使欧洲人认识到世界其他地方还存在迥异的民族、宗教和文明形态,使人们对基督教产生了怀疑。根据材料一"17世纪初,英国莎士比亚的《哈姆雷特》等作品,充分体现了人文主义的政治理想和道德观念"可知,文艺复兴和宗教改革传播了人文主义,解放了人们的思想。根据材料一"17世纪的欧洲逐渐确立了通过观察、实验、分析、归纳和综合等基本路径,发现自然规律的科学方法,而不是盲信教廷的权威"可知,17世纪欧洲近代自然科学的发展呈现出蓬勃态势。根据材料一"伏尔泰对中国由明智的君主和哲学家的统治赞赏备至,据此提倡实行开明的君主制"可知,启蒙思想家受到了中国儒家思想的影响。

(2)根据材料二"'理性'是启蒙运动的精神内核"可知,启蒙运动强调人的理性。根据材料二"他们相信进步,相信在科学和教育的作用下,社会将趋于完美"可知,启蒙运动突出科学和教育的作用。根据材料二"他们对未来社会提出了一些基本的政治思想,如天赋人权、平等、自由、法制、权力制衡等"可知,启蒙运动构想的未来资产阶级理性王国的蓝图,是天赋人权、平等、自由、法制、权力制衡等。

## 第7课　全球航路的开辟和欧洲早期殖民扩张

巩固练习

一、填空题

1.地理知识的丰富;造船技术的发展;航海水平的进步

2.葡萄牙;西班牙

3.达·伽马

4.物种交换;商品世界性流动;人口迁移

5.葡萄牙

二、选择题

1.B【解析】根据所学知识可知,从葡萄牙出发,绕过好望角,横渡印度洋,到达印度西海岸的航海家是达·伽马,故选B项。迪亚士从葡萄牙出发,沿非洲西海岸南下,到达非洲的好望角，排除 A 项。哥伦布从西班牙出发横渡大西洋，到达美洲，排除 C 项。麦哲伦船队从西班牙出发，穿越大西洋、太平洋和印度洋，回到西班牙，完成了人类历史上的第一次环球航行，排除 D 项。

2.D【解析】根据所学知识可知，1519—1522 年，麦哲伦的船队横渡大西洋、太平洋和印度洋，返回欧洲，完成了第一次环球航行，证明了地圆学的正确性，故选 D 项。欧洲航海家迪亚士到达了非洲的好望角，排除 A 项。欧洲航海家哥伦布横渡大西洋到达美洲，排除 B 项。欧洲航海家达·伽马开辟了欧洲绕非洲大陆到东方的航路，排除 C 项。

3.C【解析】根据所学知识可知，1500 年前后，全球航路的开辟使世界开始连为一个整体，促进了资本的原始积累和全世界物种的交流与传播，加强了各大陆之间的联系，故选 C 项。文艺复兴是一场资产阶级思想解放运动，资产阶级革命是指由资产阶级领导的反对封建社会制度的革命，排除 A、B 项。第二次工业革命是 19 世纪中后期，欧美主要资本主义国家生产力的巨大进步，极大地促进了经济的发展，使资本主义世界市场完全形成，排除 D 项。

4.D【解析】根据题干材料“天主教开始冲出欧洲”可知，西班牙和葡萄牙两国支持开辟新航路的重要目的之一是传播天主教，故选 D 项。

5.B【解析】根据题干材料“原产美洲的玉米、烟草、花生、番茄等作物开始传入欧亚，非洲的咖啡传到欧美”可知，新航路开辟后加强了各大洲之间的联系，故选 B 项。

6.D【解析】根据所学知识可知，新航路开辟以后，葡萄牙、西班牙、英国、法国等国家，先后加入了三角贸易的行列，三百多年的“三角贸易”使非洲丧失了近一亿的精壮人口，奴隶贩子却大发横财，故选 D 项。

7.B【解析】根据所学知识可知，1588 年，英国海军打败西班牙“无敌舰队”，逐渐成为海上霸主，开始在海外扩张殖民地。为争夺美洲、非洲、亚洲的殖民地和世界市场，从 17 世纪下半叶起，英国与荷兰、法国发生了一系列战争。英国凭借强大的实力最终战胜了西班牙、荷兰和法国，在世界各地夺取了大片殖民地，在 18 世纪成为最强大的殖民国家，故选 B 项。

8.A【解析】根据所学知识可知，“三角贸易”的路线是从欧洲出发，把廉价工业品运到非洲，然后贩卖黑奴到美洲，再把金银和原材料运回欧洲。“三角贸易”的实质就是黑奴贸易，所以最具悲惨性和血腥性的贸易航程是中程，即从非洲贩卖黑人到美洲，故选 A 项。

9.B【解析】根据所学知识可知，新航路开辟以后，欧洲和亚洲、非洲、美洲之间建立起了直接的商业联系，往来日益密切。世界开始连为一个整体，世界的观念也从此逐步确立起来。新航路开辟后，欧洲人便开始了早期的殖民掠夺，一定程度上促进了本国资本主义的发展。海外殖民这一进程客观上有助于殖民国家资本的原始积累，并为工业生产提供了工业原料，同时推动了世界市场的形成，所以②③④正确，故选 B 项。

10.C【解析】根据题干材料“香料和黄金是欧洲从殖民地进口的主要商品。其他商品……都成为欧洲人日常生活中的主要饮品”可知，世界在新航路开辟后连成了一个整体，贸易得到了一定程度的发展，故选 C 项。新航路开辟后，以西欧为中心的世界市场雏形出现，但西欧不等于欧洲,排除 A 项。这一时期的商品交流较以往有了较大的发展,但“极其频繁”这一说法又有些夸大其词了,排除 B 项。题干材料并未提及新大陆社会转型的问题,无法得出此结论,排除 D 项。

三、简答题

新航路的开辟加速了西欧资本主义的发展;密切了世界各地区、各民族之间的联系,使世界逐步成为一个整体;促进了各大洲之间的物种交流,给亚洲、非洲、美洲地区带来了欧洲先进的生产技术,促进了开放,但殖民掠夺也给当地人民带来了无尽灾难;证明了“地圆说”的科学性,推动了自然科学的发展。

四、材料题

(1)建立海盗企业;直接抢劫;进行远征。

(2)资本主义的原始积累是建立在对亚洲、非洲和美洲人民剥削和掠夺的基础上,是血腥的、罪恶的。

【解析】(1)根据材料一“16 世纪下半叶,英国开始大力发展海盗活动,著名海盗德雷克建立了一家海盗企业,伊丽莎白女王、一些贵族都是这家公司的股东”可知,英国开展海盗活动的方式是建立海盗企业。根据材料一“到 16 世纪 60 年代后期,英国海盗活动扩张到大西洋,他们专门抢劫西班牙装载美洲金银的白银舰队和葡萄牙运载东方香料的船只,并且还多次进行远征”可知,开展海盗活动的方式是直接抢劫,进行远征。

(2)根据材料二“欧洲尤其是西欧国家都在贩奴运动中发了横财,为本国的资本主义发展准备了十分充足的条件”“一个个黑奴的躯体就是一块块砖,无数黑奴的血肉就是无数的钢筋水泥”并结合所学知识可知,资本主义的原始积累是建立在对亚洲、非洲和美洲人民剥削和掠夺的基础上的,是血腥的、罪恶的。

# 第 8 课　欧美主要国家的资产阶级革命与资本主义制度的确立

## 巩固练习

一、填空题

1.光荣革命;权利法案

2.独立宣言

3.联邦制国家

4.君主制度

5.资产阶级共和制

## 二、选择题

1.B【解析】根据所学知识可知,1689 年,英国资产阶级革命后,为了限制王权,英国颁布了《权利法案》,建立了君主立宪制,故选 B 项。《人权宣言》和《法国民法典》是法国颁布的,《独立宣言》是美国颁布的,排除 A、C、D 项。

2.A【解析】根据所学知识可知,英国资产阶级革命、法国大革命、美国独立战争都属于世界近代史上的资产阶级革命。英国保留了王室,是资产阶级君主立宪制度,故选 A 项。法国大革命、美国独立战争后,法国、美国都确立了资产阶级共和政体,排除 B、D 项。宗教改革不是资产阶级革命,排除 C 项。

3.C【解析】根据题干材料可知,"光荣革命"后,对国王的制约来自议会,故选 C 项。1688 年的英国资产阶级革命胜利,社会发生了根本性变化,排除 A 项。1689 年英国颁布《权利法案》,英国议会成为国家权力中心,排除 B 项。国王是世袭产生,排除 D 项。

4.C【解析】根据所学知识可知,美国建立后,各州各行其是,矛盾重重,代表国家的中央政府软弱无力。1787 年,美国制定了宪法。美国宪法是第一部比较完善的资产阶级成文宪法,对后来许多国家的政治变革产生了重要影响,故选 C 项。《独立宣言》是第一个以国家名义明确表述资产阶级政治要求的纲领性文献,排除 A 项。《权利法案》以法律形式限制了国王的权利,确立了君主立宪制,排除 B 项。《法国民法典》排除了封建法规,确立资产阶级立法规范,排除 D 项。

5.B【解析】根据所学知识可知,1776 年 7 月 4 日,大陆会议发表《独立宣言》,标志着北美 13 个殖民地脱离英国而独立,即美利坚合众国诞生,而独立战争开始的标志是莱克星顿枪声,独立战争的转折是萨拉托加大捷,英国承认美国独立标志着美国完全实现民族独立,故选 B 项。

6.A【解析】根据所学知识可知,英国资产阶级革命的领导人是克伦威尔,所以但丁和英国资产阶级革命的搭配是错误的,故选 A 项。哥伦布探寻新航路发现了美洲大陆,华盛顿领导了美国独立战争,拿破仑在 1804 年建立法兰西第一帝国,B、C、D 项搭配正确。

7.D【解析】根据所学知识可知,1789 年 7 月 14 日,巴黎人民攻占巴士底狱,标志着法国大革命开始,故选 D 项。议会重新召开是英国资产阶级革命开始的标志,排除 A 项。莱克星顿枪声是美国独立战争开始的标志,排除 B 项。萨拉托加大捷是美国独立战争的转折点战役,排除 C 项。

8.C【解析】根据所学知识可知,《人权宣言》是法国资产阶级革命的纲领性文件,是反封建专制的旗帜。宣言的内容有"私有财产神圣不可侵犯",说明了其维护资产阶级的利益,故选 C 项。

9.C【解析】根据题干材料可知,《法国民法典》中涉及司法独立原则,社会契约、人人平等的思想,这些都是资产阶级所倡导和追求的,因此可以反映出其为资本主义法律奠定了基础,故选 C 项。

10.D【解析】根据所学知识可知,法国大革命是在启蒙运动的影响下发生的,它以实现社会平等为首要目标,这些都是以往历次革命所缺少的,所以法国大革命为实现目标,斗争更激烈,革命性更彻底,故选 D 项。

三、简答题

1787 年,美国制定了宪法。宪法规定,美国是一个联邦制国家,各州保留部分自治权,但国防、外交和涉及国家根本利益的权力归属联邦政府。美国总统是国家元首和政府首脑,执掌行政权;国会和最高法院分别掌握立法权和司法权。这部宪法是第一部比较完善的资产阶级成文宪法,它维护了美国的统一,有利于美国资本主义的发展。这部宪法也有其局限性,如承认奴隶制的存在,未给予妇女、黑人和印第安人与白人男性公民同等的权利。

四、材料题

(1)共和制逐渐获得广泛支持;国民议会中力量对比的发生,有利于共和派的变化;君主派与共和派之间不存在根本利益上的冲突;宪法吸收了各派意见,借鉴了英国和美国的经验。

(2)具有总统制和议会制双重特色;权力重心在议会,总统由议会选出,其权力相对较小,总统之下设有内阁。

【解析】本题考查的知识点是近代西方的代议制。随着西方资本主义经济的产生和发展,新兴资产阶级因其经济地位的改变,开始寻求更多的政治权力。同时,为了扫除资本主义经济发展的障碍,在一些欧美国家,资产阶级革命或者改革运动应运而生,这些运动废除或者限制了国王的权力,强化了议会的权力,由此逐步确立了资产阶级的代议制,推动西方社会走向民主化的道路。第(1)问原因的回答,需要结合两则材料分析,考生可从共和派的力量、群众基础、宪法自身的角度来概括提炼。第(2)问要求比较两国政体的不同点,考生可根据材料二和所学知识,从总统、议会、内阁等几个方面来比较。

# 第四单元　工业革命与马克思主义的诞生

## 第 9 课　改变世界的工业革命

巩固练习

一、填空题

1.哈格里夫斯

2.手工劳动

3.电气时代

4.二

5.工业;农业;商业营销;交通运输;金融银行

## 二、选择题

1.B【解析】根据所学知识可知,英国工业革命的政治保障是英国很早就确立了资本主义君主立宪制度,即确立了资产阶级民主政治,故选 B 项。

2.C【解析】根据所学知识可知,“工厂”泛指资本主义机器大生产,即使用机械化劳动代替手工劳动的资本主义工业。和手工工场相比,工厂虽然也属于资本主义经营方式的范畴,但它采用了机械化大生产,极大地提高了社会生产力,这是人类社会进步的一个重要里程碑,故选 C 项。

3.A【解析】根据题干材料信息“《十八世纪产业革命》”并结合所学知识可知,18 世纪 60 年代英国率先开展工业革命,采用大机器生产,工厂大规模出现,故选 A 项。垄断组织产生于第二次工业革命期间(19 世纪末),排除 B 项。手工工场在 18 世纪以前就出现了,排除 C 项。世界贸易组织成立于 1995 年,排除 D 项。

4.C【解析】根据题干材料“内燃机的发明引起了交通运输领域的革命性巨变”并结合所学知识可知,内燃机的发明解决了交通运输工具的发动机问题,在交通运输领域引发了一场变革。19 世纪 80 年代,德国人本茨制造出一辆由内燃机驱动的汽车。1903 年,以内燃机为动力的飞机试飞成功,故选 C 项。大工厂制度的出现与蒸汽机的发明有关,排除 A 项。火车和轮船的动力机是蒸汽机,排除 B 项。电子计算机和航天飞机是第三次科技革命的成果,排除 D 项。

5.B【解析】根据所学知识可知,第一次工业革命时期,许多技术发明都来自工匠的实践经验,科学和技术尚未真正结合。第二次工业革命时期,自然科学领域的新发展,再加上科技与工业生产的紧密结合,使科学成为推动生产力发展的一个重要因素,故选 B 项。

6.A【解析】根据所学知识可知,工业革命中,火车发明之后,人们的计时单位发生了变化,准时准点成为一种社会常识,表成为人们日常生活中的必备物品,这些都说明了工业革命改变了人们的生活方式,故选 A 项。

7.D【解析】根据题干材料“19 世纪最后 30 年,几乎没有什么工业部门未曾受到科学新发现的影响”可知,科学研究影响、改变了工业部门的面貌,推动了工业发展,故选 D 项。第一次工业革命实现了机器生产取代手工劳动,排除 A 项。题干材料并不能反映垄断资本主义的内容,排除 B 项。近代自然科学兴起于 16 世纪,排除 C 项。

8.A【解析】题干材料信息说明棉布的市场需求带动了工业革命的开展,即市场需求刺激工业革命,故选 A 项。

9.C【解析】根据所学知识可知,圈地运动为工业革命提供了自由劳动力,圈地运动、海外殖民掠夺、强盗式贸易、贩卖奴隶和对国内人民的剥削,为英国工业革命提供了资本原始积累,故选 C 项。

10.C【解析】根据所学知识可知,工业革命是用机器来制造机器,需要大量的铁作为原材料,同时工业革命也促进了生产力的发展,为铁矿的开采和冶炼奠定了物质基础,故选 C 项。君主立宪制在 17 世纪就确立了,与 18 世纪英国铁产量迅速增加无关,排除 A 项。广阔的海外殖民地导致市场需求扩大,是工业革命发展的原因,不是英国铁产量增加的因素,排除 B 项。

题干材料不能体现英国的对外贸易情况,不能得出“成为世界贸易中心”的结论,排除 D 项。

三、简答题

极大地提高了生产力,也推动了经济结构的变化;带来阶级结构的变化,资产阶级和无产阶级成为社会的两个主要阶级;日益复杂的生产技术、不断扩大的投资,促使竞争日趋激烈,生产更加集中,垄断组织开始产生;工厂数量剧增催生了许多工业城市,加速了近代城市的兴起;促进了世界市场的发展,世界各地的联系更加密切。

四、材料题

(1)政治:资产阶级代议制的确立。经济:率先进行并完成工业革命。科技:自然科学的发展和对科技发明的重视。

(2)生产力:人类进入“电气时代”。生产关系:生产和资本日益集中,大企业时代到来(或进入垄断资本主义阶段)。全球化:世界市场最终形成。

【解析】第(1)题根据材料一并结合所学知识,从政治、经济、科技等方面回答其优势。第(2)题根据所学知识,从生产力、生产关系和全球化三方面归纳、理解第二次工业革命的影响。

# 第 10 课　马克思主义的诞生和国际工人运动的发展

巩固练习

一、填空题

1.马克思主义

2.《共产党宣言》

3.国际工人协会

4.巴黎公社

5.巴黎公社

二、选择题

1.C【解析】根据所学知识可知,工业革命引发了社会阶级结构的巨大变化,产生了工业资产阶级和工业无产阶级,这两大阶级的对立和斗争日益明显和尖锐,马克思主义就是在这样的社会背景下产生的,因此“新的社会矛盾”主要指社会贫富分化、阶级矛盾尖锐,故选 C 项。“交通和环境污染等问题严重”是工业革命产生的负面影响,不是马克思主义诞生的社会背景,排除 A 项。“工业无产阶级的壮大”未说明当时的社会矛盾,排除 B 项。“西方侵略、掠夺东方”不属于工业革命后资本主义新的社会矛盾,排除 D 项。

2.A【解析】根据所学知识可知,19 世纪三四十年代,欧洲工人运动的发生说明广大工人阶级已经觉醒,失败的主要原因是缺乏科学理论的指导,故选 A 项。

3.A【解析】根据题干材料可知,空想社会主义者对资本主义制度进行了批判,究其原因在于资本主义经济发展,资本主义制度的弊端日益暴露,引起了人们对资本主义制度的批判,故选A项。社会阶级结构的变化与空想社会主义对资本主义制度的批判无必然联系,排除B项。C项与题干材料无关,排除。题干材料反映的是空想社会主义者的态度,不能代表大众,排除D项。

4.D【解析】根据题干材料"讨论、证明、说服,是工业者所用的唯一方法,他们应该用这种方法去取消贵族、军人、法官、富人等对于社会产业的管理"可知,空想社会主义者希望通过和平的方式来实现无产阶级的目标,这是不现实的,是脱离实际的,故选D项。空想社会主义者并没有阶级斗争的观念,排除A项。B、C项都不是题干材料的主旨,排除。

5.D【解析】根据题干材料"全世界无产者,联合起来"可知是无产阶级的文件,故选D项。A、B、C项都是资产阶级的文件,排除。

6.C【解析】题干材料描述的是1848年《共产党宣言》的发表,标志着马克思主义的诞生,而《共产党宣言》是马克思、恩格斯为共产主义者同盟起草的纲领,故选C项。《〈黑格尔法哲学批判〉导言》的发表标志着马克思转变为共产主义者,排除A项。马克思主义吸收了英国古典政治经济学理论,排除B项。欧洲三大工人运动标志着工人阶级登上政治舞台,排除D项。

7.B【解析】根据题干材料"其纸页散脱的深色笔记本里,包括了写满公式的化学笔记,图表一张接一张的经济学笔记,贴着剪报、配有插图的地质学笔记"可知作者的勤勉,为完成《共产党宣言》和《资本论》不断学习并持续深入研究,故选B项。题干材料没有对手稿进行具体描述,体现不出手稿速记潦草,满是涂改勾画,排除A项。"马克思用化学公式论证其理论"涉及马克思主义哲学原理,但题干材料不是主要说明这一点的,题干材料还涉及经济学笔记、地质学笔记等,体现的是作者不断学习并持续深入研究的过程,排除C项。《共产党宣言》手稿和《资本论》第一卷马克思自注本能够入选《世界记忆名录》说明《共产党宣言》《资本论》影响深远,但题干材料强调的是写满公式的化学笔记,图表一张接一张的经济学笔记,贴着剪报、配有插图的地质学笔记所体现的马克思的精神品质,以及他付出的艰辛努力和进行的深入研究,而不是《共产党宣言》和《资本论》的影响,排除D项。

8.D【解析】题干材料"根据无产阶级革命的经验和教训,对《共产党宣言》做了补充和修改"体现的是马克思主义在实践中不断与时俱进,故选D项。马克思主义的基本原则并未发生变化,排除A项。B项说法不符合史实,排除。C项说法与题干材料无关,排除。

9.C【解析】题干材料体现了巴黎公社采取的限薪政策,公职人员与普通工人工资报酬相当,体现了对工人权利的维护,也是"巴黎公社是代表工人利益的无产阶级政权"的集中体现,故选C项。巴黎公社建立于1871年,而科学社会主义理论在1848年已诞生,排除A项。马克思主义没有直接指导巴黎公社,因此巴黎公社不是马克思主义理论实践的产物,排除B项。巴黎公社失败的根本原因是当时的经济发展状况没有成熟到可以改变资本主义生产方式的程度,因此巴黎公社不是当时生产力水平下发展的产物,排除D项。

10.C【解析】根据所学知识可知,马克思在《法兰西内战》中阐述的工人阶级打碎旧国家机器的理论与1871年3月建立的第一个无产阶级政权——巴黎公社有关,巴黎公社丰富了马克思主义学说,故选C项。第一国际成立于1864年,排除A项。三大工人运动爆发于19世纪三四十年代,排除B项。法国大革命是1789年爆发的,排除D项。

三、简答题

《共产党宣言》论证了资本主义灭亡和社会主义胜利的历史必然性。马克思、恩格斯指出,资产阶级在历史上起过非常革命的作用,它反对封建主义,创造了惊人的生产力,但资本主义生产力和生产关系的矛盾始终存在并不断激化,资本主义生产关系逐渐成为生产力发展的桎梏,这不仅表现为频繁爆发的经济危机,而且表现为无产阶级和资产阶级日益激烈的斗争。

《共产党宣言》指出要用暴力推翻资产阶级的统治,阐述了无产阶级夺取政权并利用政权改造社会的思想。同时,它也介绍了未来共产主义社会的根本特征,提出了建设未来新社会的基本观点和基本措施。

《共产党宣言》还阐明了无产阶级政党的性质、宗旨和主张。无产阶级要完成自己的历史使命,必须组建自己的政党。共产党始终代表整个无产阶级的利益,同时代表全社会绝大多数人民群众的利益,而没有自己特殊的利益。

四、材料题

(1)政治上打碎旧的国家机器,建立新的无产阶级国家机器;经济上,没收逃亡资本家的工厂,由工人合作社管理工厂,触及了资本主义私有制,具有明显的无产阶级性质。

(2)历史意义:是无产阶级建立政权的第一次伟大尝试;它的实践丰富了马克思主义(无产阶级革命和无产阶级专政)的学说;为国际工人运动的发展提供了宝贵的经验和教训。

【解析】(1)根据材料一“巴黎公社的革命措施”可知,应主要从政治上打碎旧的国家机器,经济上触及资本主义私有制方面来回答。

(2)根据材料二“正射放着它的历史首创精神的炽烈的光芒”,并结合所学知识回答巴黎公社的历史意义即可。

# 第11课　近代职业教育的兴起和发展

## 巩固练习

一、填空题

1.学徒制

2.半工半读

3.双元制

4.凯兴斯泰纳

5.艺圃

## 二、选择题

1.C【解析】题干材料中强调学徒要自我约束、顺从师傅并改正错误，师傅要向学徒传授技术、提供相应条件，否则要接受处罚，这体现了双方通过明确的约定来规范彼此的权利和义务，表明中世纪西欧职业教育注重订立契约关系，故选 C 项。城市自治主要强调城市在政治、经济等方面相对独立的管理和发展，题干材料并未直接体现这一点，排除 A 项。庄园经济主要涉及农业生产等方面，与题干材料中关于学徒和师傅的关系不大，排除 B 项。题干材料主要突出的是契约关系，虽然师傅和学徒的地位有所不同，但不能从这里归结为社会关系不平等，材料重点不在此，排除 D 项。

2.C【解析】根据题干材料可以看出，14、15 世纪的工匠逐渐突破行会组织，雇佣同行来扩大规模，这说明当时已经出现了雇佣劳动关系，故选 C 项。通过题干材料无法看出当时出现了分散或者集中的手工工场，排除 A、B 项。工业革命后出现了机器大生产，排除 D 项。

3.A【解析】根据题干材料“学校模式开始成为主要模式。教学内容也不再仅仅包含实践经验或技艺，而是更多地包含和技术关系越来越密切的相关科学理论知识”可知，19 世纪中后期职业教育模式开始发生转变，学校制取代学徒制，科学理论知识取代实践经验技术，这都是为了满足工业革命带来的社会需求，故选 A 项。工业革命时期的学校模式属于大众教育，并非精英教育，并未反映精英群体的文化诉求，排除 B 项。学校教育的对象并未明确说明，看不出教育的世俗化，排除 C 项。教育模式的改变与社会阶级结构关系不大，排除 D 项。

4.A【解析】根据题干材料“1816 年英国 13 岁以下工人在棉纺织行业所占比例为 20%，1835 年为 13%，1850 年为 8%”“学校教育成为西方职业教育的主要模式”“1860 年普鲁士儿童入学率达 97.5%”并结合所学知识可知，题干材料反映了工业革命时期英国童工比例的不断降低，学校教育的发展，这主要是由于工业革命对劳动者的素质要求提高了，故选 A 项。材料并未强调经济发展对工人社会地位的影响，与题干主旨不符，排除 B 项。城市化进程扩大了劳动力的渠道，并不是题干材料所述现象的主要原因，排除 C 项。题干材料不能体现“劳动日益复杂化”的相关信息，排除 D 项。

5.D【解析】根据题干材料“1802 年，英国颁布《工厂法》，明确规定工厂雇佣的劳动者要接受培训教育；1898 年，英国颁布《技术教育法》，正式将职业教育纳入学制，鼓励和推动英国职业培训的发展”并结合所学知识可知，随着工业革命的开展，劳动者素质越来越受到重视，反映了工厂制发展的现实要求，故选 D 项。启蒙运动发生于 17、18 世纪，题干与材料中的时间不符，排除 A 项。题干材料反映的是工业革命对技术工人的需求，未涉及英国政治权力下移到公民民主，排除 B 项。随着工业革命的开展，劳动者素质越来越受到重视，与工人阶级斗争无关，排除 C 项。

6.A【解析】根据题干材料时间“1802 年”并结合所学知识可知，此时英国正在开展工业革命，“每个学徒无论男女，至少在前 4 年内每个工作日应有一定的时间受教育”则强调对工人的教育，有利于提高工人的文化水平，进而适应工业化大生产的需要，故选 A 项。工人文化水平提高会创造更大的价值，从长远来看，《工厂法》仍是在维护雇主的利益，排除 B 项。加强对学徒工的教育和提高其社会政治地位无关，排除 C 项。加强对学徒工的教育是为了适应工业革命的需要，排除 D 项。

7.C【解析】根据题干材料“19 世纪末，职业教育实践开始进入国家层面，并逐渐成为经济政策的重要组成部分”并结合所学知识可知，在第二次工业革命的推动下，国家工业化发展需要高素质的工人，因此职业教育得到发展，故选 C 项。题干材料强调的是职业化教育，非平民化教育，排除 A 项。题干材料未涉及高等教育，排除 B 项。当时基础教育并未普及，排除 D 项。

8.C【解析】根据题干材料“德国大兴职业教育，创办了大批实科学校、专科学校和工业学校”并结合所学知识可知，在工业革命的推动下，德国对人才的需求强烈，所以建立大批学校，故选 C 项。题干材料突出的是工业革命的影响，并不是公益性，排除 A 项。题干材料强调的是工业化对人才的需要，并不是世俗化，排除 B 项。题干材料突出的是为国家工业化提供人才，并未展现德国基础教育成就，排除 D 项。

9.A【解析】根据题干材料可知，19 世纪德国职业教育有所发展，形成了职业教育双元制。并结合所学知识可知，这主要以适应工业化进程为出发点，故选 A 项。题干材料未体现科学与技术的紧密结合，排除 B 项。C 项“开端”说法与题干材料及史实均不相符，排除。D 项表述与题干材料主旨不符，且题干材料也没有民众教育诉求的相关信息，排除。

10.C【解析】根据题干材料可知，自 2019 年以来，我国不断深化职业教育改革，致力于培养更多更优秀的专业领域人才，符合新时代经济社会发展对人才的需求，故选 C 项。2021 年，我国全面建成小康社会，与题干材料时间不符，排除 A 项。题干材料只谈到职业教育改革，不涉及其他教育形式，无法形成比较，排除 B 项。教育事业的发展为我国提供了实际的人才支持，而不是精神力量，排除 D 项。

## 三、简答题

近代职业教育的兴起：大机器生产代替手工制作后，工厂规模急剧扩大，生产过程被分解为一系列固定的工作岗位，分工与协作变得更加重要。这就需要大量的高素质劳动者。他们不仅要有直接的生产经验和劳动技艺，还要具备一定的科技知识。传统学徒制已不能适应工业生产的需要，于是近代职业教育应运而生。

近代职业教育的发展：第二次工业革命期间，科学技术与生产结合得更加紧密，要求劳动者具有更加系统的科学知识和生产技术。工业化国家纷纷对职业教育进行调整和改革，逐步形成了较为成熟的职业教育体系。

## 四、材料题

1.教育家的主张推动；工业革命的推动；教育法令的出台；大学教育的促进。

【解析】根据材料“教育家阿诺德等人积极提倡发展职业教育”可知，教育家的主张推动；根据材料“在 19 世纪后半期迅速发展”并结合所学知识可知，工业革命的推动；根据材料“1889 年，英国颁布《技术教育法》”“19 世纪后半期的大学不仅开始培养工商业人才”可知，教育法令的出台;大学教育的促进。

2.(1)南北战争;工业革命和农业发展对技能人才的需求;传统学校教育不能满足实际需求;政府重视立法推动。

(2)自上而下进行变革(高等职业教育引领中等职业教育,联邦政府引领州政府变革);多方协作管理模式;法律形式确立框架;多样化与实用化。

【解析】(1)结合所学知识可知,1861—1865 年美国进行了南北战争;根据材料一"随着农业与工业的急速发展,从事农业与工业的技术人员数量急需补充,专业素养也亟待提高"可知,工业革命和农业发展对技能人才的需求;根据材料一"当时学校以培养教士和绅士为目的,无法满足工业化社会的发展需求"可知,传统学校教育不能满足实际需求;根据材料二"《第一莫雷尔法案》"可知,政府重视立法推动。

(2)根据材料二"且联邦政府先于州政府推出变革职业教育,形成了联邦、州政府、行业协会多方联合的管理模式"可概括出自上而下进行变革(高等职业教育引领中等职业教育,联邦政府引领州政府变革),多方协作管理模式;根据材料二"1862 年,《第一莫雷尔法案》颁布伊始,美国高等和中等职业教育先后在课程、学校、师资等方面进行了改革和调整"可概括出法律形式确立框架;根据材料二"教育理念与现实需求相适应,主要内容、学校种类和课程设置多样化、实用化"可得出多样化与实用化。

# 第五单元　资本主义的扩展与亚非拉民族独立运动

## 第 12 课　19 世纪下半期资本主义的扩展

### 巩固练习

#### 一、填空题

1.1870

2.丹麦;奥地利;法国

3.德国

4.奴隶制

5.日本

#### 二、选择题

1.B【解析】根据所学知识可知,德意志和意大利统一的根本原因均是国家分裂阻碍了资本主义经济的发展,故选 B 项。德意志和意大利在中古时期长期处于分裂状态,并没有统一,说明分裂状态不是两个国家统一的根本原因,排除 A 项。人民渴望统一和杰出人物起核心作用均是有利因素,但并非根本原因,排除 C、D 项。

2.A【解析】根据所学知识可知,德意志帝国是通过打败丹麦、奥地利和法国成立的,故选 A 项。

3.C【解析】根据所学知识可知,19 世纪中期的德国四分五裂,并且大多数地区被外国势力控制,严重阻碍了经济的发展,故选 C 项。德国当时没有外来侵略,排除 A 项。封建专制不是最大的障碍,排除 B 项。军国主义是德国国家统一后留下的政治特征,排除 D 项。

4.B【解析】根据所学知识可知,德意志在统一过程中没有发动与英国的战争,英国不是统一过程中要排除的障碍,故选 B 项。19 世纪 60 年代起,普鲁士发动对丹麦、奥地利和法国的三次王朝战争,并取得胜利,实现了德意志帝国的统一,排除 A、C、D 项。

5.B【解析】根据所学知识可知,德意志在 1871 年完成统一之前,其由上百个大大小小的独立邦国组成,四分五裂的状态导致了其经济相对落后,故选 B 项。经济基础决定上层建筑,A、C、D 项虽然都是德意志面临的问题,但都不是主要问题,故排除。

6.A【解析】根据题干材料可知,在对待奴隶制的问题上,林肯表示哪种办法能够保存联邦,他就会采取哪种办法,即林肯在南北战争前主张在维护联邦统一的前提下,采取适当的办法解决奴隶制问题,故选 A 项。林肯优先考虑维护联邦统一,排除 B 项。题干材料未提及“发展美国经济”,排除 C 项。题干材料未提及“解决农民土地问题”,排除 D 项。

7.A【解析】根据所学知识可知,林肯担任美国总统期间爆发了南北战争,废除了美国的黑人奴隶制,维护了美国的统一,故选 A 项。巩固了北方资产阶级统治是南北战争的影响,排除 B 项。林肯政府基本解决了农民的土地问题,但不是平均分配土地,排除 C 项。林肯政府废除了奴隶制,但并没有消除对黑人的种族歧视,排除 D 项。

8.D【解析】根据所学知识可知,欧美地区的国家通过革命或王朝战争的方式走上资本主义道路以后,都开始建立资产阶级代议制的民主政治,各国均通过制定法律的形式将民主政治的成果确立下来,因此,资产阶级民主道路的突出特点是法治化,故选 D 项。题干材料中未体现四国资产阶级民主道路的反封建性,排除 A 项。题干材料中未体现四国资产阶级民主道路的渐进性,排除 B 项。题干材料体现的都是各国资产阶级以立法的形式确立资产阶级代议制,维护资本主义的民主道路,反映了法治化的特点,而不是普选制,排除 C 项。

9.C【解析】根据所学知识可知,黑船事件是指 1853 年美国以军舰威逼日本打开国门的事件,故选 C 项。英国、法国、德国不是黑船事件的制造者,排除 A、B、D 项。

10.D【解析】根据所学知识可知,日本明治维新保留了大量封建残余,为日本走上军国主义道路埋下了祸根,D 项说法错误,故选 D 项。在明治维新中,明治政府积极推行有利于资本主义发展的改革措施,A 项说法正确,排除 A 项。明治维新后,日本国力迅速增强,B 项说法正确,排除 B 项。明治维新使日本摆脱了沦为殖民地的民族危机,C 项说法正确,排除 C 项。

## 三、简答题

明治政府积极推行有利于资本主义发展的改革措施,史称“明治维新”。其主要内容包括:取消封建等级制度,消灭割据势力,加强中央集权;实行征兵制,建立新式军队;推行地税改革,承认土地私有权，允许土地自由买卖；废除各种关卡，鼓励工商业发展，倡导士农工商四民平等；以国家力量开办各类企业；推行教育改革，引进欧美科技；移风易俗，促进现代文明发展。

## 四、材料题

1.（1）领导北方取得内战胜利，维护了美国的统一；在美国内战时期，颁布了《宅地法》，规定未参加叛乱的美国公民，在缴纳10美元的手续费后就可以在西部领取160英亩土地，连耕5年后土地归自己所有；在美国内战时期，颁布了《解放黑人奴隶宣言》，宣布废除叛乱诸州的奴隶制，解放的黑奴可以参加联邦军队；内战结束后又在法律上承认了黑人的公民权利。

（2）直到20世纪，美国种族歧视问题仍然非常严重；美国州权主义抬头；新的档案文献史料研究；美国黑人民权运动的发展。

【解析】（1）根据题干材料“林肯对美国作出了很大的历史贡献”并结合所学知识，从政治、军事和社会影响等方面分析可知，领导北方取得内战胜利，维护了美国的统一；在美国内战时期，颁布了《宅地法》，规定未参加叛乱的美国公民，在缴纳10美元的手续费后就可以在西部领取160英亩土地，连耕5年后土地归自己所有；在美国内战时期，颁布了《解放黑人奴隶宣言》，宣布废除叛乱诸州的奴隶制，解放的黑奴可以参加联邦军队；内战结束后又在法律上承认了黑人的公民权利。

（2）根据材料“‘新美国史学’流派出现，强调‘自下而上’的研究视角”“20世纪二三十年代，美国学界开始挑战这叙事”“20世纪八九十年代州权主义的抬头”可知，美国种族歧视问题仍然非常严重，美国州权主义抬头；根据“一些学者也注意挖掘相关档案文献材料进行研究”可知，新的档案文献史料研究；根据“内战中真正启动废奴进程的不是那些写在国会或总统文献上的文字，而是那些为争取自由而采取‘主动行动’的奴隶”，并结合所学知识可知，美国黑人民权运动的发展。

2.（1）起步较迟，发展迅速，后来居上；位于世界科技和经济发展的前沿；科技创新成果斐然，尖端科学走在世界前列。

（2）国家统一的完成开辟了国内市场；资产阶级统治的建立提供了政治保障；对外侵略扩张，开辟了海外市场；积极采用第二次工业革命的成果发展经济；重视教育，注重培养人的技术与素质，为文化发展提供了人才资源；为科学家和思想家提供了深厚的文化环境。

【解析】（1）根据材料“19世纪60年代前，德国始终处于四分五裂的状态，一直是欧洲大陆的主战场。统一和强大成为德意志民族国家形成和发展的最大动力。通过不懈努力，铁血宰相俾斯麦最终在1871年完成了德意志统一。统一后的德国抓住第二次工业革命的机遇，经济取得了飞跃性的发展，到20世纪初，成为欧洲头号、世界第二的工业强国”并结合所学知识可知，起步较迟，发展迅速，后来居上；根据材料“对教育和科研的重视与大量的人力、物力投入很快使德国站在了世界科学技术发展的前沿”并结合所学知识可知，德国位于世界科技和经济发展的前沿；根据材料“德国涌现出一大批科学家和技术发明家，如西门子、爱因斯坦、普朗克等。从19世纪中后期到20世纪初，德国的科技创新光芒，让世界瞩目”并结合所学知识可知，科技创新成果斐然，尖端科学走在世界前列。

（2）根据材料“通过不懈努力，铁血宰相俾斯麦最终在1871年完成了德意志统一”并结合所学知识可知，国家统一的完成开辟了国内市场；资产阶级统治的建立提供了政治保障；根据所学知识可知，统一后的德国积极对外侵略扩张，开辟了海外市场；根据材料“统一后的德国抓住第二次工业革命的机遇，经济取得了飞跃性的发展”并结合所学知识可知，积极采用第二次工业革命的成果发展经济；根据材料“自查理曼大帝时代起，德国就非常重视教育和文化发展，适龄儿童入学率高达97.5%，国民素质得以提高。同时，德国建立了高等教育，1810年创立的柏林大学，成为现代大学制度的鼻祖”并结合所学知识可知，重视教育，注重培养人的技术与素质，为文化发展提供了人才资源；根据材料“德国涌现出一大批科学家和技术发明家，如西门子、爱因斯坦、普朗克等”并结合所学知识可知，为科学家和思想家提供了深厚的文化环境。

# 第13课　资本主义世界殖民体系的建立与亚非拉民族独立运动

## 巩固练习

### 一、填空题

1.英国

2.天然橡胶资源

3.非洲

4.玻利瓦尔

5.意大利

### 二、选择题

1.D【解析】根据所学知识可知，19世纪末20世纪初，各主要资本主义国家向帝国主义阶段过渡，整个世界基本被瓜分完毕，世界殖民体系最终形成，故选D项。18世纪中后期，工业革命正在进行。尚未向帝国主义阶段过渡，排除A项。18世纪末19世纪初，第一次工业革命正在进行，殖民体系正在形成过程中，排除B项。19世纪中后期，第一次工业革命完成，第二次工业革命进行中，殖民体系正在形成过程中，排除C项。

2.D【解析】根据所学知识可知，19世纪末20世纪初，西方列强侵占并几乎瓜分了整个非洲，保持独立的国家除了利比里亚，还有一个是埃塞俄比亚，故选D项。在19世纪末20世纪初，阿尔及利亚、埃及、津巴布韦均沦为殖民地，排除A、B、C项。

3.D【解析】根据所学知识可知，新航路开辟后，欧洲国家开始向拉丁美洲侵略扩张，他们建立殖民地，发展种植园经济，开采金银矿，掠夺资源，并屠杀印第安人，给拉丁美洲带来了巨大的灾难，故选 D 项。题干材料中未体现几何形国家边界，排除 A 项。早期殖民时期，拉丁美洲不是在“支援”西方发展，而是受到殖民侵略，排除 B 项。题干材料中并未提到任何“作物”的问题，排除 C 项。

4.A【解析】根据所学知识可知，玻利瓦尔、圣马丁是拉丁美洲战争中，涌现出的英雄人物，故选 A 项。提拉克是印度资产阶级民族运动的领导人，排除 B、C 项。阿拉比领导了埃及军民抵抗英军的斗争，排除 D 项。

5.D【解析】根据所学知识可知，1822 年巴西摆脱葡萄牙的殖民统治，获得了独立，故选 D 项。“法国、西班牙、英国”都与题意不符，排除 A、B、C 项。

6.C【解析】根据所学知识可知，印度和拉丁美洲反抗的是殖民者的统治，因此其共同主题是殖民地人民的抗争，故选 C 项。英国并不是实行封建专制统治，排除 A 项。印度和拉美反抗斗争并不是为了建立资产阶级政权，排除 B 项。此时，印度和拉美均已沦为殖民地，排除 D 项。

7.C【解析】根据所学知识可知，柏林会议是列强商讨瓜分非洲的会议，也是一次“地图上作业”的会议，此次会议上，西方列强划分了在非洲中部的势力范围，确定了在非洲拓展殖民地的共同准则，从此掀起瓜分非洲的高潮，故选 C 项。此次会议的结果是人为划分的结果，并非其自然发展的结果，排除 A、B、D 项。

8.D【解析】根据所学知识可知，资本主义的迅速发展要求西方列强抢占更多的原料产地和商品市场，由此推动了资本主义世界殖民体系的最终形成，故选 D 项。

9.B【解析】根据题干材料可知，英国国家博物馆的藏品主要是在“18—19 世纪得来的”，并且大量藏品来自希腊、埃及、印度、中国等国，并结合所学知识可知，英国在 18 世纪下半叶确立了海上霸主的地位，继而开始了对世界各国的殖民扩张与掠夺，建立了包括北美、加勒比海岛屿、印度和大洋洲等地殖民地在内的帝国，故选 B 项。

10.D【解析】根据所学知识可知，之所以亚非拉地区形成单一的经济结构，主要是因为欧洲列强在殖民扩张中把这些地方当作原料产地，与欧美列强大力推行殖民主义政策有关，故选 D 项。题干材料中未强调各地区间的商品交流，排除 A 项。地理环境和气候不是历史根源，排除 B 项。发展民族经济与经济结构单一没有必然联系，排除 C 项。

## 三、简答题

相同点：①都是反抗西方列强殖民统治的民族解放运动。②都具有一定的民族性和正义性。③都在一定程度上打击了西方列强的殖民统治。不同点：①背景不同。拉丁美洲独立运动是在西班牙殖民统治下，拉丁美洲人民要求摆脱殖民统治，实现民族独立；印度民族大起义是在英国殖民统治下，印度人民对英国的经济剥削和政治压迫的反抗。②结果不同。拉丁美洲大部分地区获得独立，建立了一系列独立国家；印度民族大起义最终失败，但沉重打击了英国殖民者。

四、材料题

1.(1)主张:为了经济发展需要,对外进行殖民扩张。“占领新的领土”“找到新的销售地区”指的是扩大殖民地或半殖民地。

(2)规定了“有效占领”的原则,这说明了帝国主义国家之间既争夺又勾结的关系。

【解析】(1)根据材料“应当占领新的领土,来安置过剩的人口,为工厂和矿山生产的商品找到新的销售地区”可知,英国加紧进行殖民扩张,扩大殖民地和半殖民地,以寻找商品销售市场和原料产地。

(2)根据材料可知,这是在柏林会议中规定的“有效占领”的原则,说明了帝国主义国家之间既争夺又勾结的关系。

2.(1)沦为西方资本主义国家的原料产地和商品销售市场。

(2)手段:军事和经济双重暴力。

结果:把世界连结为一个资本主义占主导地位的整体,资本主义世界殖民体系形成。

【解析】(1)根据材料“印度失掉了他的旧世界,而没有获得一个新世界”可知,殖民地沦为西方资本主义国家的原料产地和商品销售市场。

(2)手段:根据材料“19 世纪末 20 世纪初,一路扩张的资本主义基本完成了一体化进程”可知,殖民者的扩张和掠夺;根据材料“西方列强对于世界其余地区、国家的政治、经济及文化的控制”可知,殖民者对殖民地倾销商品,掠夺原料,资本输出。

结果:根据材料“资本主义实现了人类历史上空前未有的纵向和横向发展”并结合所学知识可知,资本主义世界殖民体系形成。

# 第六单元　战争与革命的年代

## 第 14 课　第一次世界大战

### 巩固练习

一、填空题

1.德;英

2.萨拉热窝

3.德国

4.重新瓜分世界;争夺世界霸权

5.凡尔赛条约

## 二、选择题

1.C【解析】根据所学知识可知,萨拉热窝事件于 1914 年 6 月 28 日在巴尔干半岛发生,是第一次世界大战的导火线,故选 C 项。

2.A【解析】根据所学知识可知,资本主义国家政治经济发展的不平衡是第一次世界大战爆发的根本原因,故选 A 项。

3.A【解析】根据所学知识可知,20 世纪初,为了重新瓜分殖民地、争夺世界霸权,欧洲形成的两大敌对军事集团是同盟国和协约国,故选 A 项。轴心国是在第二次世界大战中,由德国、意大利和日本三个国家组成的,与题干中所涉及的时间不一致,排除 B、C 项。北约组织和华约组织是第二次世界大战后,美苏冷战时期所出现的组织,排除 D 项。

4.D【解析】根据所学知识可知,宣告德国"速决战"破产的重大战役是马恩河战役,故选 D 项。凡尔登战役、索姆河战役和日德兰海战都不是德国"速决战"破产的标志,排除 A、B、C 项。

5.B【解析】根据所学知识可知,第一次世界大战后,通过巴黎和会与华盛顿会议,帝国主义列强建立了凡尔赛—华盛顿体系,它确立了帝国主义在欧洲、西亚、非洲、东亚,以及太平洋地区的统治秩序,是第一次世界大战后帝国主义国家重新瓜分世界,奴役殖民地、半殖民地人民的体系,故选 B 项。维也纳体系是 19 世纪初拿破仑帝国崩溃后,由英、俄、奥、普等战胜国通过维也纳会议在欧洲大陆上建立的新均势体系,排除 A 项。布雷顿森林体系是第二次世界大战后美国主导建立的国际金融体系,排除 C 项。雅尔塔体系是第二次世界大战后建立的国际秩序,实质是大国实力对比和互相妥协的产物,打上了大国强权政治的烙印,排除 D 项。

6.A【解析】根据所学知识可知,第一次世界大战之后战胜国在巴黎召开巴黎和会,签订《凡尔赛条约》,故选 A 项。雅尔塔会议、波兹坦会议、开罗会议都是第二次世界大战时期召开的重要会议,排除 B、C、D 项。

7.B【解析】根据题干材料"《凡尔赛条约》规定剥夺德国全部海外殖民地,由主要战胜国以'委任统治'形式予以瓜分"并结合所学知识可知,委任统治是第一次世界大战后帝国主义战胜国对战败国的殖民地进行再分割和统治的一种制度,体现了帝国主义对落后地区的侵略和掠夺本质,说明委任统治的实质是大国的强权政治,故选 B 项。民族自决原则是指处于外国奴役和殖民统治下的被压迫民族有自由决定自己命运、摆脱殖民统治、建立民族独立国家的权利,排除 A 项。"委任统治"未体现公平正义原则,排除 C 项。自由贸易原则是限制和取消一切妨碍,以及阻止国际贸易开展与进行的所有障碍的原则。委任统治与自由贸易原则无关,排除 D 项。

8.B【解析】根据题干材料"从这些你死我活争夺殖民地的战役中"可知,第一次世界大战是一场帝国主义争夺殖民地的战争,故选 B 项。反封建的战争、民主权利之争和社会制度之争均不是第一次世界大战的性质,排除 A、C、D 项。

9.C【解析】根据所学知识可知,巴黎和会与华盛顿会议都是在大国操纵下建立第一次世界大战后新秩序的会议,故选 C 项。巴黎和会是第一次世界大战后协约国处置德国及其他战败国的国际会议,而召开华盛顿会议的目的是重新瓜分远东和太平洋地区的殖民地和势力范围,没有涉及德国,排除A项。“消除了”表述错误,排除B项。两次会议都没有维护中国的国家主权,排除D项。

10.C【解析】根据所学知识可知,第一次世界大战后,在印度领导非暴力不合作运动的历史人物是甘地。甘地发动的非暴力不合作运动,动员了广大人民群众,打击了英国殖民统治,增强了印度民众的民族自尊心和自信心,故选C项。

三、简答题

原因:根本原因,帝国主义国家经济政治发展不平衡;具体原因,列强之间矛盾尖锐,形成两大军事集团;导火线,萨拉热窝事件。

性质:列强重新瓜分世界、争夺世界霸权的帝国主义战争。

四、材料题

1.(1)历史现象:三国同盟(同盟国)与三国协约(协约国)的建立。

后果:导致了第一次世界大战的爆发。

(2)凡尔赛—华盛顿体系是第一次世界大战后战胜国以强权政治原则建立的不平等的国际秩序,是建立在战胜国对战败国的宰割基础之上的。它激化了战胜国与战败国之间的矛盾,激起了战败国的仇恨和复仇情绪,为新的国际冲突埋下了祸根。

【解析】(1)历史现象,结合图片及所学知识可知,是三国同盟与三国协约的建立。后果,两大军事集团的局部冲突最终导致了第一次世界大战的爆发。

(2)根据材料二“靠《凡尔赛条约》来维系的整个国际体系、国际秩序是建立在火山口上的”并结合所学知识可知,凡尔赛—华盛顿体系是英国、法国、美国主导的以强权政治为原则建立的不平等国际秩序,是建立在战胜国对战败国的宰割基础之上的。它激化了战胜国与战败国之间的矛盾,激起了战败国的仇恨和复仇情绪,为新的国际冲突埋下了祸根。

2.(1)背景:第一次世界大战结束后,战胜国召开巴黎和会和华盛顿会议,决定成立国际联盟。

目的:促进国际合作,实现世界和平与安全。

(2)不可能得到满意的结果。理由:国际联盟形成决议的“全体一致”原则,使其失去了对日本侵略行为采取有效行动的可能性;英国、法国将国际联盟作为维护自己既得利益,操纵国际事务的工具,不可能真正解决中国的问题;中国国际地位低下。

【解析】(1)根据材料一并结合所学知识可知,国际联盟成立的背景是第一次世界大战结束后,战胜国召开巴黎和会和华盛顿会议,决定成立国际联盟。根据材料一“国际联盟之宗旨规定:各缔约国为促进国际合作,并保证其和平与安全起见……”可知,国际联盟成立的目的是促进国际合作,实现世界和平与安全。

(2)根据材料二“‘九一八事变’后,国民党政府把遏制日本侵略的希望寄托于英美等列强的出面干涉……中国外交部向日本提出三次抗议,并向国际联盟提出申诉”并结合所学知识可知,中国的申诉不可能得到满意结果。根据材料一“……除本盟约或本条约另有明文规定者外,凡大会或理事会开会时之决议应得出席会议之联盟会员国全体之同意”可知,国际联盟实行“全体一致”原则,使其失去了对日本侵略行为采取有效行动的可能性;英国、法国将国际联盟作为维护自己既得利益,操纵国际事务的工具,不可能真正解决中国的问题;中国国际地位低下。所以,申诉不可能得到满意结果。

# 第 15 课　十月革命与苏联社会主义建设

## 巩固练习

### 一、填空题

1.土地法令

2.十月革命

3.苏维埃社会主义共和国联盟

4.权力高度集中;优先发展重工业;推行农业集体化

5.工农社会主义国家

### 二、选择题

1.C【解析】根据所学知识可知,十月革命爆发于 1917 年,故选 C 项。1848 年《共产党宣言》发表,1871 年巴黎公社建立,1949 年中华人民共和国成立,排除 A、B、D 项。

2.B【解析】根据所学知识可知,列宁直接领导了十月革命,创建了世界上第一个社会主义国家,故选 B 项。

3.D【解析】根据所学知识可知,俄国十月革命的胜利,建立了人类历史上第一个无产阶级政党领导的国家,实现了社会主义从理想到现实的伟大飞跃,开辟了人类探索社会主义道路的新纪元,故选 D 项。《共产党宣言》的发表标志着科学社会主义的诞生,即马克思主义的诞生;第一国际的成立标志着国际工人运动走向联合;巴黎公社的建立是无产阶级建立政权的第一次伟大尝试,排除 A、B、C 项。

4.C【解析】根据所学知识可知,国内战争结束后,为了尽快恢复生产,列宁推动战时共产主义政策向新经济政策转变,推行粮食税,允许自由贸易,将外国资本与私人资本重新引入国内市场。“取消自由贸易,由国家统一分配生活必需品”不是新经济政策的内容,故选 C 项,排除 A、B、D 项。

5.A【解析】根据所学知识可知,1937 年,苏联的工业产量居欧洲国家首位、世界第二位,此时的执政者是斯大林,故选 A 项。

6.C【解析】根据所学知识可知,斯大林执政时期,实行高度集中的政治经济体制,它在政治上表现为权力高度集中,经济上主要体现在“优先发展重工业”和“推行农业集体化”两个方面,故选 C 项。

7.A【解析】根据所学知识可知,斯大林时期,苏联实行高度集中的政治经济体制,故选 A 项。

8.B【解析】根据题干材料“五年计划”和“打败希特勒”,并结合所学知识可知,苏联推行五年计划为在第二次世界大战中战胜德国法西斯奠定了基础,故选 B 项。A、D 项没有五年计划,排除。中国、德国没有直接发生战争,排除 C 项。

9.A【解析】根据所学知识可知,十月革命胜利后,国内出现武装叛乱。协约国以苏俄擅自退出战争为由,派遣军队进行武装干涉。新生的苏俄陷入战火之中。面对严峻的战争形势,苏维埃政权一方面建立红军,同敌人战斗;另一方面调整国民经济,实行“战时共产主义政策”,故选 A 项。

## 三、简答题

十月革命的胜利是俄国与世界历史进程中的划时代事件。它建立了人类历史上第一个无产阶级政党领导的国家,打破了资本主义一统天下的局面,实现了社会主义从理想到现实的伟大飞跃,开辟了人类探索社会主义道路的新纪元。十月革命沉重打击了帝国主义对世界的统治,极大地鼓舞了殖民地、半殖民地人民的解放斗争,推动了马克思主义的传播和一大批无产阶级政党的建立,改变了 20 世纪的世界格局。从此,资本主义和社会主义两种社会制度的并存与竞争,成为世界历史的重要内容。

## 四、材料题

(1)新经济政策的重心是调整国家与农民的关系,通过粮食税等市场机制建立工农联盟;允许私营企业有一定程度的发展;以租让制等形式在一些经济部门引入外国资本。

(2)稳定和恢复了国民经济;巩固了苏维埃政权。

(3)苏联模式使苏联在较短的时间内实现了工业化,奠定了强大国家的基础;为后来取得卫国战争的胜利创造了物质条件;为苏联赢得了巨大的国际声誉;苏联模式排斥市场经济,片面发展重工业;在农业集体化中采用强制手段,导致国民经济比例失调,农业和轻工业长期落后,消费水平相对较低。这些问题影响了苏联的发展。

【解析】(1)根据材料一“用无产阶级国家直接下命令的办法,在一个小农国家里按共产主义原则来调整国家的产品生产和分配”可知,新经济政策的重心是调整国家与农民的关系,通过粮食税等市场机制建立工农联盟;根据材料一“学习实行‘新经济政策’”可知,允许私营企业有一定程度的发展;再结合所学知识可知,以租让制等形式在一些经济部门引入外国资本。

(2)结合所学知识,从经济与政治角度进行分析,在经济上,稳定和恢复了国民经济;在政治上,巩固了苏维埃政权。

(3)根据所学知识可知,苏联模式使苏联在较短的时间内实现了工业化,奠定了强大国家的基础,为后来取得卫国战争的胜利创造了物质条件,并且为苏联赢得了巨大的国际声誉;根据材料二“苏联的粮食产量长期达不到革命前最高水平”并结合所学知识可知,农业和轻工业长期落后,消费水平相对较低,这些问题影响了苏联的发展;根据材料二“他们片面地注重重工业,忽视农业和轻工业……”并结合所学知识可知,苏联模式排斥市场经济,片面发展重工业并且在农业集体化中采用强制手段,导致国民经济比例失调。

# 第 16 课　经济危机与资本主义国家的应对

## 巩固练习

### 一、填空题

1.罗斯福新政

2.改组内阁

3.埃塞俄比亚

4.希特勒

5.意;德;日

### 二、选择题

1.C【解析】根据所学知识可知,材料中所指的事件是 1929 年从美国率先爆发的经济危机,故选 C 项。巴黎公社成立是在法国,排除 A 项。第一次世界大战爆发于 1914 年,排除 B 项。慕尼黑协定是在 1938 年签署的,排除 D 项。

2.B【解析】根据所学知识可知,社会化大生产和资本主义私有制之间的矛盾是资本主义社会的基本矛盾,它会造成生产无限扩大的趋势和人民的购买力相对缩小之间的矛盾,这必然会发生经济危机,因此,这个基本矛盾是经济危机的根本原因,故选 B 项。

3.A【解析】根据所学知识可知,1930—1931 年美国经济危机持续进行,所以纽约市儿童餐厅提供了更多的廉价午餐给孩子们,香烟产量剧增是为了满足人们麻醉自己的需要,穿着整洁西装的人沦为街头兜售苹果的商贩,这些现象都表明经济危机在持续加剧,故选 A 项。1930—1931 年美国经济危机持续进行,会使法西斯势力盛行,社会矛盾加剧,而不是缓和,排除 B 项。美国罗斯福新政是从 1933 年开始实行的,新政取得良好成效与题干时间不符,排除 C 项。福利制度是在第二次世界大战后逐步确立的,与题干时间不符,排除 D 项。

4.D【解析】根据所学知识可知,1929 年世界经济危机发生,为缓解经济危机,美国提高进口关税,西方国家纷纷以邻为壑,大搞关税战、贸易战。这使得世界范围内的贸易自由化受到了阻碍,导致经济危机加剧,故选 D 项。1933 年罗斯福新政实施,并未因此受挫,排除 A 项。题干材料无法体现出国际合作加强,排除 B 项。题干材料中的行为会导致世界局势紧张,而不是缓和,排除 C 项。

5.B【解析】根据所学知识可知,罗斯福新政属于资本主义生产关系的局部调整,并没有改变美国社会的性质,故选 B 项。

6.D【解析】根据所学知识可知,1933 年 3 月,罗斯福就任美国总统,为了应付日益严峻的经济危机，他一上任，就宣布实施新政，采用国家干预的手段来扭转经济形势，故选 D 项。苏联的战时共产主义政策实行余粮收集制，排除 A 项。斯大林时期实行农业集体化，排除 B 项。1921 年，列宁实行新经济政策，用粮食税代替余粮收集制，排除 C 项。

7.B【解析】根据所学知识可知，为了应对严峻的经济危机，1933 年罗斯福实施新政，新政的具体措施有“以工代赈”，其主要内容为通过投资兴建大量公共设施，如水库、发电站、公路、桥梁、机场、运动场、公园等，为失业者提供就业机会。结合题干材料“1933—1937 年，拨款 120 亿美元进行公共工程建设，吸收了几百万失业大军，新建了 740 万英亩的国有林区、近 20 万英亩的国有公园……”可知，这一系列的做法是推行“以工代赈”，故选 B 项。题干材料没有涉及整顿金融体系、加强对工业的计划指导和建立社会保障制度的内容，排除 A、C、D 项。

8.D【解析】根据所学知识可知，罗斯福新政在工业方面颁布《全国工业复兴法》，要求资本家控制生产规模，协调劳资关系，防止企业之间因为盲目竞争而引起生产过剩。这些正是这一时期推行国家干预经济政策的表现，故选 D 项。

9.C【解析】根据所学知识可知，因为第一次世界大战的影响，意大利经济衰退，政治混乱，阶级矛盾激化。1922 年，意大利走上了法西斯道路，建立法西斯政权。在 1929—1933 年经济危机的打击下，德国国内矛盾激化，1933 年希特勒上台执政，集党、政、军大权于一身，建立法西斯专政。在国内外矛盾激化的形势下，日本出现了法西斯组织。1936 年受军部控制的广田弘毅上台组阁，建立法西斯专政，故选 C 项。英、法、俄、荷是老牌资本主义国家，没有选择法西斯道路，没有成为法西斯国家，排除 A、D 项。苏联是世界上第一个社会主义国家，没有阶级剥削、压迫，排除 B 项。

10.D【解析】根据所学知识可知，第一次世界大战后，意大利经济衰退，政治混乱，工农运动高涨，中央政府几乎瘫痪。墨索里尼乘机组织法西斯党，独裁统治应运而生。1922 年，墨索里尼向罗马进军，标志着意大利法西斯政权的建立。1929—1933 年的经济危机给资本主义世界以沉重打击，引起了资本主义各国政局的动荡。德国与日本为了转嫁经济危机，建立了法西斯专政，意大利强化了法西斯政权，他们对内独裁统治、对外侵略扩张、疯狂扩军备战。德、意、日法西斯统治建立的共同特点是对内独裁统治、对外侵略扩张、疯狂扩军备战，故选 D 项。

## 三、简答题

罗斯福新政的主要举措包括：整顿金融业，支持大银行重新开业，淘汰无偿付能力的小银行，并对小额存款提供信用保障；举办公共工程，实施“以工代赈”，解决大规模失业问题，扩大消费需求；调整农业生产，要求农民缩减耕种面积，屠宰大批牲畜，以消除农产品过剩现象，损失由政府补偿；颁布《全国工业复兴法》，要求资本家控制生产规模，协调劳资关系。

罗斯福新政缓解了美国的经济危机，避免了剧烈的社会动荡，其实质是通过国家大规模干预社会经济生活，在一定程度上调整了资本主义生产关系。但是，罗斯福新政没有改变资本主义的本质，无法解决美国社会的根本矛盾。

四、材料题

(1)罗斯福新政的作用:美国经济缓慢复苏、工业生产有所恢复、就业人数逐步增加。

相关举措:通过《全国工业复兴法》,工业生产有所恢复;通过投资兴建大量公共设施,为失业者提供就业机会等。

(2)罗斯福新政的突出特点:国家对经济的干预和指导。

对改革创新的认识:改革是社会发展的动力;必须与国情相结合,制定适合本国国情的改革措施;改革要顺应历史发展潮流等。

【解析】(1)根据材料一"美国的工业生产指数以 1929 年为 125 计算,1932 年为 58,1936 年回升到 121……"可知,工业生产有所恢复。根据材料一"1936 年失业人数比 1932 年减少了一半……"可知,就业人数逐步增加。根据材料一"1937 年,国民总收入为 1 090 亿美元,比 1929 年经济危机前多 46 亿美元……"可知,美国经济缓慢复苏。根据所学知识可知,罗斯福新政中通过了《全国工业复兴法》,工业生产有所恢复;新政中通过投资兴建大量公共设施,为失业者提供就业机会等。

(2)根据材料一"政府拨款 120 亿美元……新建了 740 万英亩的国有林区、近 20 万英亩的国有公园"和材料二"罗斯福告诉人们,现在必须由政府介入并指导创建新的社会秩序……"可知,罗斯福新政的突出特点是国家对经济的干预和指导。对改革创新的认识言之有理即可。例如:改革是社会发展的动力;必须与国情相结合,制定适合本国国情的改革措施;改革要顺应历史发展潮流等。

# 第 17 课　第二次世界大战

## 巩固练习

一、填空题

1.九一八事变

2.七七事变

3.波兰

4.联合国家宣言

5.1945;8;15

二、选择题

1.B【解析】根据所学知识可知,慕尼黑会议是英法等国实行绥靖政策的顶峰,故选 B 项。门户开放政策是美国提出的,排除 A 项。集体安全政策与题干时间不符,排除 C 项。遏制政策与当时的英国外交政策相反,排除 D 项。

2.A【解析】根据所学知识可知,1938 年,英国、法国、德国、意大利四国首脑张伯伦(首相)、达拉第(总理)、希特勒、墨索里尼在慕尼黑会议上签订条约,英、法两国为避免战争爆发,牺牲捷克斯洛伐克利益,将苏台德地区割让给德国,《慕尼黑协定》的签订,标志着英法两国推行的绥靖政策达到了顶峰,助长了德、日、意法西斯的侵略气焰,故选 A 项。1933 年,希特勒出任德国总理,德国法西斯专政建立,排除 B 项。1931 年九一八事变爆发。日本发动侵华战争,拉开了第二次世界大战的序幕。九一八事变的爆发与欧洲的《慕尼黑协定》没有关联,排除 C 项。1939 年德国以“闪击战”突袭波兰,第二次世界大战全面爆发,排除 D 项。

3.D【解析】根据所学知识可知,1936—1937 年,德国、意大利和日本三个法西斯国家签订了《反共产国际协定》,形成了“柏林—罗马—东京轴心”。这个军事集团的成员被称为“轴心国”,故第二次世界大战时期的“三国轴心”指的是德国、意大利、日本,故选 D 项。

4.B【解析】根据所学知识可知,1931 年,日本发动侵略中国东北的九一八事变,从此中国人民开始了反对日本法西斯侵略的抗日战争,故选 B 项。1936 年,德意法西斯武装干涉西班牙内战,西班牙人民奋起反抗德意法西斯侵略,排除 A 项。1935 年,意大利法西斯入侵埃塞俄比亚,埃塞俄比亚人民奋起抗击意大利法西斯侵略,排除 C 项。1939 年 9 月,德国法西斯突袭波兰,波兰人民奋起反抗,排除 D 项。

5.B【解析】根据所学知识可知,1941 年 12 月 7 日,日本对美国海军基地珍珠港发动突然袭击;日本制造九一八事变是在 1931 年 9 月 18 日;德国以“闪击战”突袭波兰是在 1939 年 9 月;英、美、苏、中等 26 国签署《联合国家宣言》是在 1942 年 1 月,综上所述,按历史事件发生的先后顺序排应是②③①④,故选 B 项。

6.B【解析】根据所学知识可知,1941 年 12 月 7 日,日军偷袭美国海军基地珍珠港。第二天,美国对日宣战,第二次世界大战发展到全球阶段,故选 B 项。

7.B【解析】根据所学知识可知,1942 年 1 月,以美国、英国、苏联、中国为首的 26 个国家签署了《联合国家宣言》,标志着世界反法西斯同盟的建立,故选 B 项。雅尔塔会议是 1945 年由英国、美国、苏联三国所召开的,排除 A 项。德黑兰会议是 1943 年由英国、美国、苏联三国所召开的,排除 C 项。《慕尼黑协定》签订于 1938 年,排除 D 项。

8.B【解析】根据题干材料并结合所学知识可知,雅尔塔体系是第二次世界大战后期美、苏、英三国首脑通过雅尔塔等一系列会议所确定的第二次世界大战后世界秩序和政治格局的基本蓝图,这一体系带有明显的强权政治色彩。美、苏等大国根据自己的利益和实力来划分势力范围,比如对东欧等地区的安排等。这种以大国意志为主导的体系安排,体现了强权政治的特点,故选 B 项。欧洲的重新崛起是不能简单归因于雅尔塔体系,排除 A 项。雅尔塔体系并没有确保第二次世界大战后世界永远和平,后来还是爆发了一些局部冲突和战争,排除 C 项。雅尔塔体系并没有直接导致冷战的爆发,排除 D 项。

9.D【解析】根据题干材料并结合所学知识可知,雅尔塔体系是不同社会制度国家之间进行合作的结果,以维护世界和平为主要目标,但它带有明显的强权政治色彩,损害了一些国家的利益,故选 D 项。

10.D【解析】题干材料强调的是第一次世界大战与第二次世界大战之后，西方主要列强国家逐步失去对殖民地控制的情况，故选D项。A、B、C项与题干材料无关，排除。

三、简答题

雅尔塔体系的主要内容包括：重新确定欧亚国家的版图；日本窃取的中国领土，如东北地区、台湾及其附属岛屿、澎湖列岛等归还中国；审判战犯；成立联合国等。

四、材料题

1.(1)德国加紧对外扩张和侵略，出兵并吞并了奥地利；德国要求割占捷克斯洛伐克的苏台德地区遭到拒绝；英、法等西方大国推行绥靖政策等。

(2)牺牲了捷克斯洛伐克的利益；纵容了德国的侵略；加速了第二次世界大战的爆发。

【解析】(1)根据材料“希特勒得到了他要的捷克斯洛伐克那部分领土”“德国、意大利、法国和英国的领导人在慕尼黑开会，就苏台德问题达成决议。他们没有与苏联协商，也没给捷克斯洛伐克留下选择余地”并结合所学知识可知，德国加紧对外扩张和侵略，出兵并吞并了奥地利；德国要求割占捷克斯洛伐克的苏台德地区遭到拒绝；根据材料“英国和法国选择了绥靖政策，屈服于希特勒的要求，希望他感到满足”并结合所学知识可知，英、法等西方大国推行绥靖政策等。

(2)根据材料“他们没有与苏联协商，也没给捷克斯洛伐克留下选择余地”“希特勒得到了他要的捷克斯洛伐克那部分领土”并结合所学知识可知，牺牲了捷克斯洛伐克的利益；根据材料“几个月后，希特勒的部队在没有任何警告的情况下，侵占了捷克斯洛伐克共和国其余的领土”并结合所学知识可知，纵容了德国的侵略；根据所学知识可知，加速了第二次世界大战的爆发。

2.(1)英国请求中国支援；中国保卫滇缅公路。

(2)中国在印、滇、缅战场和国内战场坚持抗日，为反法西斯战争作出了重大贡献。

(3)目的：战时合作，消灭法西斯；战后共同维护世界和平。

落实：创建联合国。

(4)各国政府和人民同心协力，密切合作，世界才能和平发展。

【解析】(1)根据材料一“英国政府正式……作战”并结合所学知识，回答即可。

(2)根据中国在第二次世界大战中所作出的突出贡献，回答即可。

(3)根据材料三“维护国际和平与安全”“协商”等信息，回答即可。

(4)从世界人民的共同努力与世界和平发展的关系角度，回答即可。

# 第七单元　第二次世界大战后世界的新变化

## 第18课　美苏冷战

### 巩固练习

#### 一、填空题

1.德国

2.马歇尔计划

3.古巴

4.发展中国家

5.苏联

#### 二、选择题

1.B【解析】根据所学知识可知，美国总统杜鲁门在国会发表的演说标志着杜鲁门主义的出台和美国对苏冷战的开始，故选 B 项。A、C、D 项均是美苏冷战对抗的表现，排除。

2.D【解析】根据所学知识可知，北约和华约的对峙标志着两极格局正式形成，1991 年苏联解体标志着两极格局瓦解，故选 D 项。

3.A【解析】根据所学知识可知，冷战时期苏联针对美国的“马歇尔计划”，在经济上的应对措施是成立经济互助委员会，故选 A 项。B、C 项属于军事对抗组织，排除。D 项属于苏联冷战在政治上的表现，排除。

4.D【解析】根据所学知识可知，以美国为首的西方国家建立了北大西洋公约组织，故选 D 项。欧洲共同体与美国无关，排除 A 项。B、C 项都是以苏联为主导的，排除。

5.A【解析】根据所学知识可知，“马歇尔计划”是美国援助西欧经济恢复、控制西欧、遏制苏联的计划，是美苏冷战的产物，目的在于争夺欧洲，故选 A 项。北大西洋公约组织是以美国为首的政治军事集团，与经济援助无关，排除 B 项。美国推行“马歇尔计划”的目的是控制、争夺欧洲，并非统一欧洲，排除 C 项。第二次世界大战后，基本上消除法西斯势力，排除 D 项。

6.D【解析】根据所学知识可知，古巴导弹危机是 20 世纪 60 年代初发生的事件，是冷战期间美国、苏联两国之间最激烈的一次对抗。因此，根据题干材料“1961 年”赫鲁晓夫给美国总统肯尼迪写信解决危机可知，这场危机是古巴导弹危机，故选 D 项。第一次柏林危机是 1948—1949 年，与题干时间不符，排除 A 项。朝鲜战争是 1951—1953 年，与题干时间不符，排除 B 项。越南战争是在 1961—1975 年，并不是通过写信解决的，排除 C 项。

7.A【解析】根据所学知识可知，美国总统杜鲁门在国会发表的演说标志着杜鲁门主义的出台和美国对苏冷战的正式开始，①正确。“马歇尔计划”的实施是美国冷战政策在经济上的表现，②正确。北大西洋公约组织的建立是美国冷战政策在军事上的表现，③正确。根据所学知识可知，不结盟运动的兴起标志着广大发展中国家已经成为国际政治舞台上的一支重要力量，在一定程度上冲击了两极格局，不是美苏冷战的表现，④错误。①②③正确，故选 A 项。

8.A【解析】根据所学知识可知，北大西洋公约组织和华沙条约组织的对峙标志着两极格局正式形成，故选 A 项。

9.C【解析】根据所学知识可知，“马歇尔计划”的目的是扶植和控制西欧，遏制苏联。故选 C 项。

10.B【解析】根据所学知识可知，美国是资本主义制度，苏联是社会主义制度，第二次世界大战后，由于美苏社会制度不同，国际利益冲突，导致美苏关系由同盟走向了对抗，故选 B 项。

### 三、简答题

政治上：美国推行杜鲁门主义。

经济上：美国对欧洲实行“马歇尔计划”，苏联成立经济互助委员会。

军事上：美国建立北大西洋公约组织，苏联建立华沙条约组织。

### 四、材料题

(1)对共产主义和苏联的仇视；扩大市场，发展本国经济的需要。

(2)推行杜鲁门主义；实施“马歇尔计划”；建立北大西洋公约组织；成立联邦德国，造成德国分裂。

(3)欧洲共同体的成立与发展；日本的起飞；中国的崛起；不结盟运动的兴起。

(4)教训：尊重别国人民的选择和历史发展的规律；反对扩张主义，反对霸权主义。

【解析】(1)根据材料一“美国政府的主要决策人极端仇视共产主义和苏联”可知，对共产主义和苏联的仇视；根据材料一“美国需要扩大海外市场以避免美国的经济陷入停滞和难以接受的失业局面”可知，扩大市场，发展本国经济的需要。

(2)结合所学知识，从推行杜鲁门主义、实施“马歇尔计划”、建立北大西洋公约组织、造成德国分裂等方面，回答即可。

(3)结合所学知识可知，20 世纪六七十年代，欧洲共同体的成立与发展、日本的起飞、中国的崛起、不结盟运动的兴起等冲击了美苏两极格局。

(4)根据材料三“应尊重别国人民的选择，尊重历史发展的规律”可知，要尊重别国人民的选择和历史发展的规律；根据材料三“不能以任何理由、任何借口，搞任何形式的扩张主义，任何国家都不应该凭自身的经济军事优势搞霸权主义”可知，要反对扩张主义，反对霸权主义。

# 第 19 课　资本主义国家的新变化

巩固练习

## 一、填空题

1.公平施政

2.市场调节;国家调控

3.英国

4.减少福利

5.妇女地位

## 二、选择题

1.A【解析】根据所学知识可知,第二次世界大战后,主要资本主义国家纷纷实行国家垄断资本主义政策,加强国家对经济的干预,加强国家的宏观调控,故选 A 项。第二次世界大战后没有资本主义国家建立计划经济体制,排除 B 项。第二次世界大战后建立了资本主义世界贸易体系,贸易保护主义在一定程度上遭到遏制,排除 C 项。自由放任政策是 19 世纪末 20 世纪初资本主义国家普遍采用的经济政策,但在经历了经济危机和第二次世界大战后,这种政策已经被证明不能有效应对经济危机和促进经济稳定发展,排除 D 项。

2.C【解析】根据所学知识可知,第二次世界大战后,发达国家吸取 20 世纪 30 年代经济危机的惨痛教训,采取了利用国家权力对经济进行大力干预的政策,一定程度上适应了生产力发展的需要,经济发展出现“黄金时代”,故选 C 项。

3.B【解析】根据所学知识可知,第二次世界大战后,资本主义国家出现了一系列新的变化,其表现是国家垄断资本主义的发展,即加强了对经济的宏观调控、建立“福利国家”制度;第三次科技的兴起与发展,即科学技术的新发展,①②④正确,故选 B 项。

4.C【解析】根据所学知识可知,第二次世界大战后,西方国家普遍实施“福利国家”制度,其根本目的是缓和矛盾以稳定社会秩序,巩固统治,故选 C 项。

5.B【解析】根据所学知识可知,20 世纪 70 年代,西方主要资本主义国家发生“滞胀”现象,故选 B 项。

6.C【解析】根据题干材料“马丁·路德·金在和平集会中发表演讲《我有一个梦想》,希望有一天美国人都能在平等与友爱中生活”并结合所学知识可知,马丁·路德·金是美国黑人民权运动的著名领导者,他反对美国的种族歧视,希望通过和平集会的方式争取黑人与白人的平等地位,故选 C 项。

7.D【解析】根据题干材料可知,在美国,妇女的单身比例在增加,未婚妈妈比例也在增加,说明美国的妇女解放运动带来了新的问题和变化,故选 D 项。题干材料描述的是妇女解放运动带来的变化，没有体现家庭地位、家庭关系，以及妇女政治地位的信息，排除 A、B、C 项。

8.B【解析】题干材料“从摇篮到坟墓都可得到保护”强调的是社会福利制度对生活等各个方面的保障，故选 B 项。

9.D【解析】根据题干材料可知，第二次世界大战后，英国和瑞典在社会福利方面扩大的财政支出，有利于提高弱势群体的生活水平，缓和资本主义国家的社会矛盾，故选 D 项。

10.C【解析】题干材料所述及的“社会保障”“社会救济”“社会工作”，这“三驾马车”是受到民主社会主义思潮的影响，为加强社会保障救济工作而开展的。据此可知，西欧国家打造“三驾马车”的主要目的在于建立“福利国家”，故选 C 项。

## 三、简答题

“福利国家”是指国家通过构建社会保障体系，确保个人和家庭的经济安全；通过加大社会服务开支，保障全体公民享受较好的公共福利。在建设“福利国家”过程中，西方主要资本主义国家逐步建立包含医疗保健、住房保障、养老、失业保险和国民教育等在内的社会保障制度。

“福利国家”制度的推行是广大劳动群众长期斗争的结果。它在消除社会不公、保障公民基本生存条件、促进社会民主和安定等方面，起到一定的作用，但也加重了国家的经济负担。“福利国家”制度只是资本主义国家统治手段和方式的变化，并未触动资本主义生产资料私有制，也不可能克服资本主义的基本矛盾。20 世纪 70 年代，主要资本主义国家发生“滞胀”现象时，减少福利就成为各国改革的重要内容。

## 四、材料题

(1)经济危机的教训；战争的推动；政府的努力；学者的贡献；资本主义经济的发展；民主政治的逐步完善；传统人文思想的影响。

(2)公共开支比重大，政府财政负担加重；福利收益水平偏低；社会福利发挥作用有限(没有有效解决社会贫困问题)；人们对福利制度依赖严重。

【解析】(1)根据材料一“主因在各国鉴于惨痛教训，大萧条之后纷纷设立了社会福利制度”可知，经济危机的教训；根据材料一“在第二次世界大战中，战事的发展促使西方国家需要进一步激励士气和增强社会团结，这也推动了西方社会福利制度的确立”可知，战争的推动；根据材料一“经济学家贝弗里奇受英国政府委托，负责对现行的国家社会保障方案及相关服务进行调查，并就第二次世界大战后重建社会保障计划进行构思设计”可知，政府的努力，学者的贡献。结合所学知识可知，资本主义经济的发展，民主政治的逐步完善，传统人文思想的影响也促进了西方国家福利制度的建立。

(2)根据材料二“虽说西方国家公共开支比重大，但社会福利没有发挥应有的作用……贫困问题也是一个严重的社会问题”可知，公共开支比重大，政府财政负担加重，福利收益水平偏低，社会福利发挥作用有限；根据材料二“高福利损害了人们的就业动力，西方国家的一些失业者不再积极寻求就业岗位，而是等待着国家的救济，在 20 世纪八九十年代欧洲的经济萧条过程中,这些因素很快变为导致高失业率的重要因素”并结合所学知识可知,人们对福利制度依赖严重。

# 第 20 课　社会主义国家的发展与变革

## 巩固练习

### 一、填空题

1.社会主义

2.苏联

3.1991;12;26

4.中华人民共和国

5.十八

### 二、选择题

1.D【解析】根据所学知识可知,第二次世界大战后,社会主义运动最突出的表现是社会主义由苏联一国向东欧、亚洲和美洲地区扩展,故选 D 项。马克思主义的诞生反映了社会主义运动从空想到科学的飞跃,排除 A 项。由理论到实践是巴黎公社,排除 B 项。十月革命反映了社会主义运动从理论到现实的跨越,排除 C 项。

2.B【解析】根据题干材料“1949—1953 年,波兰生产资料的生产翻了一番多,而谷物产量仅增加了 5%。匈牙利在 1950—1954 年,把投资总额的 90% 用于发展重工业”可知,第二次世界大战后,波兰和匈牙利经济增长速度较快,与其实行计划经济体制有密切关系,表明东欧经济深受苏联模式影响,故选 B 项。

3.D【解析】根据所学知识可知,赫鲁晓夫的改革虽然在一定程度上冲击了斯大林模式,但并未从根本上改变苏联高度集中的政治经济体制,结果进入 20 世纪 60 年代,改革带来的各种矛盾日益突出。1964 年,赫鲁晓夫被迫下台,改革失败,故选 D 项。

4.A【解析】根据所学知识可知,1991 年 12 月 26 日,苏联解体,苏联不复存在,导致“红旗悄然落下”,故选 A 项。

5.C【解析】根据所学知识可知,苏联经历的改革包括赫鲁晓夫改革、勃列日涅夫改革、戈尔巴乔夫改革。戈尔巴乔夫的改革最终导致了苏联解体,故选 C 项。

6.B【解析】根据所学知识可知,20 世纪 60 年代以后,东欧社会主义国家政治、经济上都出现了严重问题,各国的改革成效不大,社会矛盾尖锐。1985 年,戈尔巴乔夫担任苏联领导人。戈尔巴乔夫先是进行经济改革,效果不佳,后转向政治体制改革,使人们的思想发生混乱。20 世纪 80 年代末,东欧各国社会制度都发生了根本性变化。1991 年 12 月 26 日,苏联解体。社会主义遭受严重挫折,故选 B 项。

7.B【解析】根据所学知识可知，苏联解体在社会主义经济建设方面给我们留下的重要启示是依据本国国情制定经济政策，尊重客观的经济规律等，故选 B 项。

8.A【解析】根据题干材料可知，苏联制定的农庄和国营农场家庭电气化目标，虽然实现时间较计划晚了些，但还是基本实现了，农民生活水平也有所提高，故选 A 项。

9.D【解析】根据所学知识可知，习近平总书记多次讲话提出要实现中华民族伟大复兴的“中国梦”，必须走“中国道路”。“中国道路”是指中国特色社会主义道路。这是在社会主义初级阶段符合我国国情的道路，是与中国实际相结合找到的一条道路，故选 D 项。

10.B【解析】根据所学知识可知，1978 年，十一届三中全会作出把党和国家的工作重心转移到经济建设上来，实行改革开放的历史性决策，故选 B 项。

## 三、简答题

赫鲁晓夫推行经济改革，在保障重工业优先发展的基础上，加速发展农业生产，倡导垦荒运动，广泛种植玉米，改革集体农庄管理体制，把国家和农民的经济关系纳入商品经济轨道。

影响：这些改革在一定程度上推动了农业的发展，农民的生活水平也有了较大的提高。但由于受苏联模式的影响、劳动生产率低、政策缺乏一致性等原因，改革效果到后期明显减弱。

## 四、材料题

1.(1)第二次世界大战后，社会主义与第三世界阵营的壮大；五年计划使苏联的经济和军事得到发展；核武器的研发。

(2)一方面，苏联模式使经济得到发展，军事国防实力大为增强，如第一个五年计划使苏联建立了较完整的国民经济体系，令其从落后的农业国转变为工业国，为社会主义工业化奠定了基础。另一方面，苏联模式使经济体制僵化，且最终导致解体，如苏联高度集中的权力使得工作效率低下，经济体制使人民生产积极性降低，影响国家运转和国民生活。

【解析】(1)根据材料一“第二次世界大战后，东欧和中国社会主义政权的相继建立，使社会主义形成世界范围的体系……第三世界爱好和平的中立和不结盟国家的成长壮大，使社会主义阵营在反对新战争和维护世界和平方面有了可靠的同盟军”可知，第二次世界大战后，社会主义与第三世界阵营的壮大；根据材料一“苏联经济和军事力量的增强是赫鲁晓夫和平共处理论的客观依据。苏联的第五个五年计划提前 8 个月完成……农业前景同样使人感到乐观……苏联军事力量也有明显增长”可知，五年计划使苏联的经济和军事得到发展；根据材料一“在核武装及其运载工具上的进展使苏联‘掌握了抵制战争力量的东西’”可知，核武器的研发。

(2)根据材料一“苏联的第五个五年计划提前 8 个月完成……农业前景同样使人感到乐观……苏联军事力量也有明显增长”和材料二“保证了经济的高速发展，在其第三个五年计划结束时，由一个落后的农业国基本上成为一个强大的工业国”可知，苏联模式使经济得到发展，军事国防实力大为增强，如第一个五年计划使苏联建立了较完整的国民经济体系，令其从落后的农业国转变为工业国，为社会主义工业化奠定了基础。根据材料二“这种高度集权的体制模式的弊端也在发展，矛盾越来越突出，越来越阻碍社会经济的发展，离科学社会主义越来越远"可知,苏联模式使经济体制僵化,且最终导致解体,如苏联高度集中的权力使得工作效率低下,经济体制使人民生产积极性降低,影响国家运转和国民生活。

2.(1)改变了单一的所有制形式;推动了国民经济的发展;增加了国家的财政收入;促进了对外开放的发展;激发了劳动者的生产积极性;改善了人们的生活;为社会主义市场经济体制的建立奠定了基础;有利于解放和发展生产力并提高人民生活水平,展示了社会主义制度的优越性,为人类社会的发展进步提供了借鉴。

(2)相似点:原有的经济体制僵化;扩大了经营自主权;利用经济杠杆等多种手段;打破了单一公有制形式,采取多种经济形式。

原因:苏联模式的弊端根深蒂固;经济结构长期失衡;配套措施不完善;排斥价值规律、市场机制;改革急于求成;与美国争霸的影响等。

【解析】(1)根据材料一"在农村,采取切实措施保障农村社队生产经营和分配的自主权,实行并逐步完善多种形式的联产计酬责任制"可知,改变了单一的所有制形式;根据材料一"缩小指令性计划,扩大市场调节范围;初步建立以税收、利率为杠杆调节市场的机制等"可知,从推动了国民经济的发展、增加收入、促进对外开放、激发积极性、改善生活等方面概括即可。

(2)相似点:根据材料一"城市初期的改革主要包括扩大企业自主权,实行经济责任制和利润留成,发展多种经济形式等"和材料三"在坚持集中计划的前提下,扩大企业的某些自主权"可知,从原有体制的弊端、扩大了经营自主权、利用经济杠杆等多种手段方面概括即可。

原因:根据所学知识可知,从苏联模式的影响、经济结构长期失衡、配套措施不完善、改革急于求成、与美国争霸的影响等方面概括即可。

# 第21课　殖民体系的瓦解与新兴独立国家的发展

## 巩固练习

### 一、填空题

1.殖民地和半殖民地人民的抗争

2.和平共处五项原则;经济援助;文化合作;民族自决权

3.恩克鲁玛

4.西非经济橱窗

5.新旧殖民政策

### 二、选择题

1.B【解析】根据所学知识可知,1960年,非洲有17个国家独立,这一年被称为"非洲年",故选B项。

2.C【解析】根据题干材料"非洲本土史学家要求……建立民族主义历史学派",反映了非洲本土史学家注重民族主义的研究，民族意识增强，故选 C 项。

3.B【解析】根据所学知识可知，1955 年，周恩来率中国代表团参加在印度尼西亚万隆召开的亚非会议，提出“求同存异”的方针，促进了会议的圆满成功，故选 B 项。

4.A【解析】根据所学知识可知，1961 年，第一次不结盟国家与政府首脑会议在南斯拉夫的贝尔格莱德召开，会议主张根除殖民主义，防止出现新殖民主义；强调和平共处是代替冷战和避免核灾难的唯一办法，呼吁美苏谈判、缓和国际局势；强调发展经济并进行经贸合作。此后，不结盟运动会议持续召开，影响日渐扩大，故选 A 项。

5.B【解析】根据所学知识可知，不结盟运动由南斯拉夫总统铁托、埃及总统纳赛尔和印度总理尼赫鲁等发起，B 项错误，符合题意，故选 B 项。不结盟运动由南斯拉夫等国发起，反映了新兴独立国家积极谋求维护国家主权，冲击了两极格局，对当时世界格局产生了重大的影响，A、C、D 项正确，不符合题意，排除。

6.B【解析】根据所学知识可知，独立后的发展中国家面临的发展问题多种多样，其中人口过快增长制约了经济的快速发展，带来了新的问题，故选 B 项。

7.C【解析】根据所学知识可知，这些国家缺乏经济独立，经济发展步伐缓慢，可见亚非拉新兴国家在发展路径上面临困境，故选 C 项。

8.D【解析】根据题干材料可知，20 世纪七八十年代，西方发达国家在和发展中国家的国际贸易投资活动中获利颇丰，榨取的利润快速上升，这说明在当时的国际经济秩序下，发达国家处于有利地位，发展中国家处于不利地位，经济秩序不平等，故选 D 项。

9.D【解析】题干材料“几内亚宁愿要贫穷中的自由，也不要卑屈中的富裕”表明第二次世界大战后非洲急于摆脱西方列强的殖民统治，民族主义盛行，故选 D 项。

10.C【解析】根据题干材料“一些发达国家认为……‘共同责任论’”可知，一些发达国家要求发展中国家承担与发达国家相同的环境责任，是企图扼杀发展中国家的经济发展，掩盖近代发达国家在发展过程中造成的严重的环境问题，推卸其应承担的历史责任，故选 C 项。

### 三、简答题

殖民地和半殖民地人民的抗争是殖民体系崩溃的主要原因；第二次世界大战对殖民帝国实力的削弱、社会主义运动的发展、西方国家自身反殖民主义力量的增长；第二次世界大战后亚非拉地区经济的发展和民族民主意识的广泛传播。

### 四、材料题

(1)非洲国家的独立和非统组织的促进；石油产业的推动；国民经济发展政策的助力。

(2)经济增长率下降；饥饿问题突出(粮食危机严峻)。

(3)殖民经济的残余；国家经济政策；政局动荡及地区冲突。

【解析】(1)从非洲民族独立角度进行分析，得出非洲国家的独立和非统组织的促进；根据材料一“部分石油生产国的经济发展变化较为显著，尼日利亚政府用石油收入兴建了炼油、钢铁等工业设施，以及港口、高速公路等基础设施”，得出石油产业的推动；根据材料一

“但由于政策正确，措施得当，国民经济年平均增长速度达到了12%”，得出国民经济发展政策的助力。

（2）根据材料二“非洲国内生产总值年平均增长率下降到1.4%”，得出经济增长率下降；根据材料二“20世纪80年代，非洲饥饿人口数量达1.5亿，每年约有500万名儿童饿死”，得出饥饿问题突出（粮食危机严峻）。

（3）从殖民统治的影响角度进行分析，得出殖民经济的残余；根据材料三“进口替代工业化”，得出国家经济政策；根据材料三“在社会经济、政治等各种矛盾的激化下，军人政府相继上台”，得出政局动荡及地区冲突。

# 第八单元　当代世界的基本面貌

## 第22课　现代科技革命和产业发展

### 巩固练习

#### 一、填空题

1.神威·太湖之光

2.机器人

3.苏联；美国

4.东方红一号；神舟十三号

5.科教兴国；人才强国；创新驱动发展

#### 二、选择题

1.A【解析】题干材料是对“埃尼阿克”的描述，它是世界上第一台电子计算机，故选A项。题干材料与互联网系统、人造卫星及智能机器人的说法无关，排除BCD项。

2.B【解析】根据所学知识可知，20世纪90年代以来，互联网在全球迅速普及，成为现代社会重要的基础设施，标志着人类社会开始进入“信息时代”，互联网渗透到政治、经济、文化、娱乐、人际交往等领域，对现代社会生活产生了前所未有的影响，故选B项。

3.C【解析】根据所学知识可知，党和政府把发展“两弹一星”为核心的原子弹、空间技术和火箭技术放在重中之重的地位主要是为了提高我国的国防力量，应对外部的威胁，故选C项。

4.C【解析】根据所学知识可知，2020年11月24日，长征五号运载火箭搭载着嫦娥五号探测器，在海南文昌航天发射中心成功发射。23天后，嫦娥五号携带月球样品返回地球，在预定区域安全着陆。中国成为继美国、苏联之后，第三个获取月球样品的国家，故选C项。

5.A【解析】根据所学知识可知，机器人的广泛应用是第二次世界大战后自动化技术发展的重要体现。1962年,世界上第一个机器人问世。机器人能代替人在高温、剧毒、严寒、高空、深水等恶劣条件下工作,还具有识别、学习、决策的功能,为人类的生产生活提供了便利。这一新技术体现出现代农业生产工具智能化的特点,故选A项。

6.A【解析】根据所学知识可知,新能源是指煤炭、石油、天然气等传统能源以外的能源,如太阳能、风能、核能等,故选A项。

7.C【解析】根据所学知识可知,“中中”和“华华”同1996年英国科学家克隆出的小羊“多利”一样,属于人类通过成年哺乳动物体细胞培育出的新个体。这一技术属于生物技术,是现代科技革命的重要内容之一,故选C项。

8.D【解析】根据所学知识可知,现代科技革命促使各国产业结构发生了重大变化。第一产业、第二产业在国民经济中的整体比重和从业人口不断下降,第三产业在国民经济中的整体比重和从业人口大幅上升,故选D项。

9.A【解析】根据题干材料可知,经济增长由传统工业转向了高新技术产业,表明科技进步引发经济结构朝高新技术方向发展,故选A项。

10.C【解析】根据所学知识可知,科技革命和新兴产业的发展,对就业人口的文化素质和技术水平的要求大为提高,终身学习和职业培训日益重要。第三次科技革命使高等教育的领域、学习者的学习场所和学习者的身份得到了扩展,表明了科技进步助推了教育向广度和深度发展,故选C项。

### 三、简答题

电子计算机的发明和应用;自动化技术的发展;新能源的开发和利用;空间技术的发展;原子能的开发和利用;生物工程技术的应用和发展。

### 四、材料题

(1)第二次世界大战后,世界局势相对平稳;第三次科技革命的发展推动了美国科技的进步;美国产业结构调整的需要;冷战格局的影响(美苏对峙);朝鲜战争的爆发。

(2)美国是单向转出,中国既有转出又有承接(双向互动);美国主要向资本主义国家转移,中国转移不受意识形态的影响(或转移覆盖的范围更广、惠及的人口更多);美国主要转移劳动密集型产业,中国转移产业的类型较多;美国转移至有一定工业基础的国家,中国主要转移至工业化水平偏低的国家;美国的转移加剧了国际对抗,中国的转移促进了区域一体化和经济全球化。

(3)注重对转移国家产业结构的分析,降低投资风险;提升我国科技自主创新能力;积极调整自身产业结构,做好承接准备;深化改革,增强综合实力;加强国际合作,构建人类命运共同体。

【解析】(1)根据材料一“第二次国际产业浪潮发生在第二次世界大战之后,转移路径是从美国到日本和联邦德国,其时间主要在20世纪50年代至80年代”可知,第二次世界大战后,世界局势相对平稳;根据材料一“美国将国内钢铁、纺织,这些劳动密集型产业转移到日本和联邦德国,以应对第三次科技革命的大背景”可知,第三次科技革命的发展推动了美国科技的进步;根据材料一“美国国内只保留精密机械、精细化工、集成电路、家用电器和汽车技术等这些高附加值产业。美国之所以将部分国内产业转移到日本和联邦德国,一是自身国内产业结构的调整,二是冷战格局的决定”可知,产业转移是美国产业结构调整的需要;除此之外,产业转移也受到了冷战格局的影响(美苏对峙);根据材料一“朝鲜战争引发的‘特需经济’,也使美国加快了产业向日本转移的速度”可知,朝鲜战争的爆发也是产业转移的原因之一。

(2)根据材料一“美国将国内钢铁、纺织,这些劳动密集型产业转移到日本和联邦德国”和材料二“中国有望借助‘一带一路’倡议,通过国际产业的转入和转出”可知,美国是单向转出,中国既有转出又有承接(双向互动);根据材料一“转移路径是从美国到日本和联邦德国”和材料二“‘一带一路’途经七十多个国家,覆盖全球64%的人口,沿线绝大多数国家和地区工业化水平较低。因此,中国有望借助‘一带一路’倡议,通过国际产业的转入和转出”可知,美国主要向资本主义国家转移,中国转移不受意识形态的影响(或转移覆盖的范围更广、惠及的人口更多);美国转移至有一定工业基础的国家,中国主要转移至工业化水平偏低的国家;根据材料一“美国将国内钢铁、纺织,这些劳动密集型产业转移到日本和联邦德国,以应对第三次科技革命的大背景”和材料二“通过国际产业的转入和转出,实现国内产业结构升级”以及材料二“‘一带一路’沿线国家大致可以分为产业结构较为发达的欧洲地区,资源丰富的中亚、西亚地区及蒙古和劳动力丰富的南亚、东南亚地区”可知,美国主要转移劳动密集型产业,中国转移产业的类型较多;根据材料一“在第二次世界大战期间,虽然日本和联邦德国给美国及其盟友带来了比较大的伤害,但在冷战格局下,日本和联邦德国成为美国对抗苏维埃政权的有力法宝。另外,朝鲜战争引发的‘特需经济’,也使美国加快了产业向日本转移的速度”和材料二“同时优化‘一带一路’沿线国家生产要素布局,实现区域内合理分工,这样不但可以推进国内发展和国际开放,而且对实现区域一体化、全球化有着重要意义”可知,美国的转移加剧了国际对抗,中国的转移促进了区域一体化和经济全球化。

(3)根据材料并结合所学知识,可从注重对转移国家产业结构的分析,降低投资风险;提升我国科技自主创新能力;积极调整自身产业结构,做好承接准备;深化改革,增强综合实力;加强国际合作,构建人类命运共同体等方面分析危机应对举措。

# 第23课　人类社会面临的机遇与挑战

## 巩固练习

### 一、填空题

1.中国;欧盟;俄罗斯

2.经济全球化

3.工业革命

4.霸权主义;强权政治

5.维护世界和平;促进共同发展

## 二、选择题

1.A【解析】根据所学知识可知,新兴市场国家和发展中国家群体性崛起,国际社会对公平正义与合作共赢的追求,更契合维护世界和平与发展的深层需要,更有助于全球治理体系的改革完善,反映了当今世界的主要发展趋势是世界多极化,故选A项。

2.A【解析】根据所学知识可知,当前,世界多极化、经济全球化、社会信息化、文化多样化深入发展,故选A项。

3.B【解析】题干材料体现的是各国商品在世界各地汇聚,说明的是经济活动跨越国界,世界经济日益成为紧密联系的一个整体,突出的是经济全球化,故选B项。

4.D【解析】根据题干材料"各国经济……已经形成了你中有我、我中有你,一损俱损、一荣俱荣的关系"可知,各国经济体现出来的特点就是经济全球化,故选D项。

5.B【解析】根据题干材料可知,中国提出构建人类命运共同体针对的是当前的各种全球性问题,意图以尊重人类文明的多样性为前提,改革原有的全球治理机制,故选B项。

6.C【解析】根据所学知识可知,在经济全球化进程中,世界产生了许多全球性问题,需要对原有的全球治理机制进行改革来解决这些问题,故选C项。

7.B【解析】根据题干材料"和而不同"的中国智慧、"共商、共建、共享的原则"并结合所学知识可知,G20引入中国对国际事务治理的理念,显然有利于全球治理能力的提高,故选B项。

8.A【解析】根据所学知识可知,经济全球化已成为世界经济发展的主要趋势。随着这一趋势的来临,全人类共同面临着众多的危机与挑战。属于人类社会面临的危机与挑战的是人口问题、环境问题、资源问题。温饱问题不是全人类共同面临的危机与挑战。故选A项。

9.A【解析】根据题干材料"……话语中充斥着对外剥削和掠夺的狼性文化"可知,美国推行霸权主义和强权政治,对外干涉他国内政,以及制造地区的冲突,故选A项。

10.A【解析】根据题干材料"世界各国只有相互尊重,合作共赢,共同发展……才能乘风破浪,平稳前行"并结合所学知识可知,世界各国如同船舱一般,只有相互尊重,合作共赢,才能促进世界的发展和进步,更加说明了构建人类命运共同体的重要性,故选A项。

## 三、简答题

人类命运共同体,就是每个民族、每个国家的前途命运都被紧紧地联系在一起,应该风雨同舟,荣辱与共,努力把我们生于斯、长于斯的这个星球建成一个和睦的大家庭,把世界各国人民对美好生活的向往变成现实。

## 四、材料题

(1)国际政治经济旧秩序不合理;经济全球化;政治多极化;全球治理的新理念尚未形成;各种新的全球治理问题涌现。

(2)抛弃旧理念,创新治理理念;建立公正合理的国际秩序;加强沟通与协调,共同维护和平稳定的国际环境;追求平等、开放与合作;构建合作共赢的全球伙伴关系。

(3)构建国际政治经济新秩序。

【解析】(1)根据材料一"近代以来,西方列强通过战争、殖民、划分势力范围等方式争夺利益和霸权,给亚非拉国家带来了巨大的灾难"并结合所学知识可知,国际政治经济旧秩序不合理;根据材料一"建立国际机制、遵守国际规则、追求国际正义成为多数国家的共识"并结合所学知识可知,全球治理的新理念尚未形成;根据材料一"但从20世纪90年代以来,世界局势急剧变化"并结合所学知识可知,当时的世界局势为经济全球化,政治多极化;根据材料一"在面对维护国际经济金融安全、资源能源安全、粮食安全、网络信息安全,应对气候变化,打击恐怖主义,防范重大传染性疾病等全球治理问题时,国际社会应对乏力"可知,各种新的全球治理问题涌现。

(2)根据材料二"要抛弃过时的'冷战思维',树立'共同、综合、合作、可持续'的新安全观"可知,提出的主张为抛弃旧理念,创新治理理念;根据材料二"推动国际秩序朝着更加公正合理的方向发展"可知,提出的主张为建立公正合理的国际秩序;根据材料二"各国要加强沟通和协调,共商规则、共建机制、共迎挑战"可知,中国政府提出了加强沟通与协调,共同维护和平稳定的国际环境的主张;根据材料二"以平等为基础""以开放为导向""以合作为动力"可知,提出了追求平等、开放与合作的主张;根据材料二"不搞一家独大或者赢者通吃,寻求利益共享,实现共赢目标"可知,提出了构建合作共赢的全球伙伴关系这一主张。

(3)根据材料二"中国政府强调要加强全球治理、推进全球治理体制变革,这不仅事关应对各种全球性挑战,而且事关给国际秩序和国际体系'定规则、定方向'"并结合所学知识可知,中国政府提出的全球治理的实质是构建国际政治经济新秩序。